「本当の自分」が怖いほどわかる心理テスト

中嶋真澄
Nakajima Masumi

PHP

はじめに

心理テストでいまある自分を見つめてみませんか？

一人の人の中にもさまざまな自分がいます。

「親切な人」「意地悪な人」「暗い人」「明るい人」「頑張る人」「怠け者」「悩み癖のある人」「面倒なことは考えない人」などなど。

どのような側面がいちばん表に表れているかによって、その人の基本的な性格が決まります。
ですが、その心の奥にはさまざまな自分が隠れたままになっています。

もしかしたら、「いい人」だと思っているあなたの中にも、ちょっと困った自分が潜んでいるかもしれません。
怖い自分が隠れているかもしれません。

心理テストで、あなたの心の奥深くにある自分にアクセスしてみれば、本当の自分の姿が浮かび上がってくることでしょう。

とはいえ、そんなに怖がらなくても大丈夫です。
怖い自分を発見するのも、一つのお楽しみ。

心の奥底に封じ込められていた自分に気づけば、気持ちはうんとラクになれます。
自分自身を面白がれる余裕も出てくるでしょう。

日常よくあるシーンから、「もし、こうだったら……」とあなたの想像力を刺激する問題まで、読んで楽しく、やってみて意外！
そして驚きの診断結果が待っています。

それではさっそく、あなたのこころの扉を開けてみましょう。

中嶋真澄

「本当の自分」が怖いほどわかる心理テスト　目次

PART Ⅰ

あなたの気づいていない もう一人の自分がわかる！

PART

2

あなたのかくされた黒ーい感情がわかる!

PART 3

あなたが本当に悩んでいることがわかる！

PART 4

あなたの対人関係がわかる!

PART 5

あなたが本当に求めているものがわかる！

PART 1

あなたの気づいていないもう一人の自分がわかる！

TEST 1

お気に入りの写真はどれ？

自分が写っている写真の中で、
これは絶対になくさずに
とっておきたいと思う、あなたの
いちばんお気に入りの写真はどれですか？

A 顔のアップ

B 横顔

C
全身

D
笑顔の
ツーショット

E
みんなと
一緒に

TEST 1

診断

お気に入りの写真はあなたの自己イメージを映し出しています。
そこから、あなたの**基本的な性格**の傾向がわかります。

A 自分の意思や考えがはっきりした 自信家タイプ

あなたは自分にいちばん関心のある人。自分の意思や自分のやりたいことがはっきりしていて、そのことでは人に負けたくないという気持ちがあります。そのため、人からは自分に自信を持っている人と見られることがあります。やりたいことは必ずやり遂げる実行力がありますが、協調性に欠ける面があり、ともすると自分中心で、人からは自分勝手とみられがちな行動をとることがあるようです。

B 恥ずかしがり屋で感情が揺れ動く 気分屋タイプ

あなたは内気で恥ずかしがり屋な面のある人。人にどう見られているのか、どう思われるかが気になります。情緒的で感情豊かであると同時に、気分や感情の揺れ幅が大きく、周りの人からは気分屋さんと思われがち。好き嫌いの激しいところもあります。自分なりの美意識があり、自分の趣味やテイストに合った美しいものを求めます。大勢の人と一緒にいると疲れますが、一人きりになると寂しくなる寂しがり屋でもあります。

C しっかり者タイプ

責任感が強く
粘り強い

あなたはまじめで責任感の強い人。やるべきことはきちんとやり遂げようとします。自分勝手なことをしてはいけないという思いがあり、ふだんはやりたいことも我慢していることがあるようです。忍耐力や粘り強さがありますが、頑固で、ひとつのことにいつまでもこだわり続けることがあります。また、「ああすればよかった」と、過去のことをくよくよ悩んで、堂々巡りしがちです。

D 気働きタイプ

温かく
思いやりのある

あなたは思いやりがあり、よく気が利き、気働きのできる人です。誰にでも親切で、とくに身近な人との親密な関係を大切にします。自分から先に立って、他人の世話をし、相手が喜ぶようなことをして、好かれたいという気持ちの強い人です。悩み事の相談に乗り、よい聞き手にもなれるでしょう。ただ、ちょっとおせっかいで、他人のプライバシーに踏み込むようなことを言ったり、人の噂話が多くなりがちです。

E 社交家タイプ

人付き合いがよく
みんなとつながる

あなたは社交性のある人。人付き合いがよく、周りの人みんなと仲良くしようとします。人とのつながりを大切にし、誰にでも感じよく接する人ですが、有力者や偉い人好きの面もあり、グループの中の中心人物や力を持っている人とより懇意にしようとする傾向があります。また、友だちや知り合いはたくさんいても、本当に深い話のできる人や親友と呼べるような人はいないかもしれません。

TEST 2

あなたの中に別人格は存在する？

❶から順に、「はい」「いいえ」で答え、矢印の質問番号に進んでいってください。
アルファベットがでたら、それがあなたのタイプです。

Start!

❶ 誰もいないところで物音や気配を感じることがある。

はい ⇒ 3
いいえ ⇒ 2

❷ ときどき理由もないのに夜中に目が覚めることがある。

はい ⇒ 5
いいえ ⇒ 4

❸ 何でも悪い方に想像すると、きりがなくなり最悪のことを考えてしまう。

はい ⇒ 6
いいえ ⇒ 5

❹ バカなお笑い番組やバラエティを見て大笑いすることがある。

はい ⇒ 7
いいえ ⇒ 8

❺ 他人の言い間違いや数字・日付の間違いなどに気がつきやすい。

はい ⇒ 9
いいえ ⇒ 8

10

急かされるとやっていることに集中できずパニックになりそうになる。

はい ⇨ D
いいえ ⇨ 13

11

嫌いな人の前でも相手のことをほめたりして、いい顔ができる。

はい ⇨ B
いいえ ⇨ A

12

嘘をつくのは悪いことだ。自分は嘘などつかず正直でいようとしている。

はい ⇨ C
いいえ ⇨ B

13

大事なことほど迷ってしまい、考えれば考えるほど決められなくなる。

はい ⇨ D
いいえ ⇨ C

6

大事な約束のときは30分ぐらい前にはその場所に着くようにしている。

はい ⇨ 10
いいえ ⇨ 9

7

おなかがすいたときや疲れたときにはつい機嫌が悪くなる。

はい ⇨ A
いいえ ⇨ 11

8

ちょっと子どもじみているけれど、注射など痛いことは我慢できない。

はい ⇨ 11
いいえ ⇨ 12

9

違う意見を言われると自分が責められているように感じる。

はい ⇨ 13
いいえ ⇨ 12

TEST 2

診断

このテストであなたの中の

多重人格度がわかります。

一人の人間の中にも、さまざまな人格が潜んでいることがあります。もしかして、自分の中にも自分の知らない「もう一人の私」がいるのではないか？　そんなふうに思ったことはありませんか？

A　単純人格《わかりやすい》タイプ

あなたは多重人格ではありません。あなたの中には、「これが私」と感じている人格以外に、別の人格は潜んでいないようです。あなたは単純といえば単純、わかりやすいといえばわかりやすい人です。あなた自身も、自分の中で矛盾するものを感じることはめったにないのでは？　周りの人からもわりあい単純な人と思われていることでしょう。謎めいた部分の少ない人ともいえます。

B 自分から感情を切り離す ロボットタイプ

あなたは多重人格ではありませんが、ときどき自分の人格の一部である感情を、自分から切り離してしまえる人です。辛いことや悲しいことがあっても、急ぎの仕事や人前に出なければならないことがあると、その感情を切り離し、ロボットや機械のように用途に合わせて的確な行動ができます。周りの人は、ふだんは感激しやすく感動することが好きなあなたが、急に冷酷な仕事人になったところを目撃しているかもしれません。

C ジキルとハイドのような 二重人格タイプ

あなたは善と悪の両面が存在する二重人格タイプのようです。ふだんはまじめで物事の善悪正邪をわきまえた常識人。その裏には邪悪な念を抱き、欲望のままに生きたいというもう一人の自分がいて、その自分は抑圧されていて、抑圧されればされるほど、ますます解放されたいと願い、表の人格に取って代わりたいという欲求を生じます。それはまるでジキル博士とハイド氏の物語のようです。

D 頭の中に複数の私がいる 多重人格タイプ

あなたはもう一人どころか、何人もの自分を抱える多重人格タイプのようです。あなたの頭の中では複数の私が集まり円卓会議が開かれているのかも。そこでは、みんながそれぞれに考えや意見を言い合い、お互いに反対のことを言ったり矛盾するようなことを主張し、なかなか話がまとまらないでしょう。あなたの中のメインの人格はその状況を「自分は優柔不断だから」ととらえているようです。

TEST 3

あなたが二人の息子の父親だとしたら……

二人の息子の父親になったあなた。
次のQ1とQ2の問いに
答えてください。

Q1

あなたが息子たちと
外で一日過ごすとしたら
やりたいのはどっちの遊びですか？

岩山登山 ⇨ b

釣り堀での釣り ⇨ a

Q2 あなたの前で二人の息子が大げんかを始めました。あなたはどんな態度をとりますか？

どっちの話もうなずきながら聞き、両方の味方になってやれる。

⇨ b

どっちが正しいか悪いかをはっきりさせ、悪かった方にあやまらせる。

⇨ a

Q1・Q2で選んだ答えをあてはめるとあなたのタイプがでます。

Q1	Q2	診断タイプ
a	a	A
a	b	B
b	a	C
b	b	D

TEST 3

診断

“父親”はあなたの中の自分に厳しくする自分を意味し、“二人の息子”はこれから成長していく自分を表しています。父親が息子たちにどう接するかで、あなたが、

向上心のある人か怠けやすい人か

がわかります。

A

怠け者度

60%

やや高め

あなたはやや怠け者の傾向があります。自分では頑張っているつもりでも、どこかで自分に甘くなっているようです。向上心はあるのですが、それに行動がついていっていないのでは？　いざ、やろうと思っても、なかなか動き出せないのだとしたら、それは何をどうやるか、頭の中でやるべきことが具体的になっていないから。やるべきことを箇条書きにするなどして明確にし、実行に移すことで怠け者から脱出できそう。

B

怠け者度
80%
高い

あなたはわりあい怠け者です。面倒くさがり屋で向上心に欠けていそう。自分にできるはずのこともやろうとせず、適当なところですませてしまう傾向があります。きっとあなたは「頑張りすぎはよくない」といったメッセージが大好きで、「そうだよね」とうなずいているはず。勤勉な努力家は、どんなに頑張っていても「もっと頑張らなくちゃ」と思うものなのです。自分にムチ打ち、やるべきことはやりましょう。

C

怠け者度
10%
低い

あなたはとても勤勉な人。自分に厳しく、高めようとする向上心にあふれる人です。完璧にやり遂げたいという気持ちから、ちょっと頑張りすぎている部分もあるかもしれません。そんな人ほど、「もっと頑張らなくちゃ」と自分を叱咤激励する傾向があるものです。でも、あなたの場合は、もう十分に頑張っているのですから、自分に「そんなに頑張らなくていい」「少し休もう」と優しい声をかけてあげてください。

D

怠け者度
40%
やや低い

あなたはそれほど怠け者ではありません。やるべきことはきちんとやる努力家で向上心もあります。ただ、頭の中で思い描いている理想が高くて、現実が追い付いていない場合があるようです。たとえば、間違いのないように完璧にやろうとして時間がかかり、期限に間に合わせられなくなって、かえって中途半端なままに終わるとか。あなたの場合、物事を楽しみながらやるという心のゆとりを持つことが必要かもしれません。

TEST 4

一人で家にいるとき、何をする？

休日のある日、家にはあなた以外誰もいません。久しぶりに一人でゆっくり過ごせることになったあなた。家族が帰ってこないうちに、やりたいことはどんなことですか？

A 家の中の整理整頓や大掃除をする。

B 小説を読んだりDVDでドラマや映画を見る。

C

腕によりをかけたお料理やお菓子作りをする。

D

パソコンでゲームやネット検索をする。

E

ウインドウショッピングに出かける。

TEST 4

診断

一人でいるときの行動は、あなたが満ち足りているときの心の状態を表しています。

そこから、あなたが**どういうプライドを持っているか**がわかります。

A 「常識をわきまえた人」というプライド

あなたは自分のことを常識のある人間だと思っています。礼儀やマナーをわきまえ、場所や状況にふさわしい振る舞いをする人です。でも、自分の常識がいちばん正しいというプライドからその常識を守らない人に対しては、「マナー違反だ」と批判的になり、「なんて非常識な人」と見下してしまうのです。自分の価値観や基準に合わない人を「非常識」とみなすのは、心の狭さの表れです。もっと寛容になりましょう。

B 「フツーの主婦とは違う」というプライド

あなたは自分は周りの人とはちょっと違うという意識を持っているようです。その自意識そのものが、プライドの高さを表しています。自分は周りの人のように、日々の生活に追われ、食べるもののことやお金のことで悩んだりはしない。もっと、教養があって、内面的に充実した生き方を望んでいるという思いがありそう。もっと教養を深め、人間というものについて知れば、今とは違った考え方になるはずです。

C 「恵まれている」というプライド

あなたは「自分は恵まれていて何の問題もない」と思っています。辛いことがあっても、「もっと苦労している人がいる。その人たちと比べれば自分は幸せ」と思うのです。一見、親切で謙虚な人のようですが、じつは「自分は人に助けてもらわなくても大丈夫」という気持ちのなかに、高慢さとプライドが隠れているのです。恵まれない人への同情心はともすると上から目線になりがち。本当の意味での謙虚さを持ちたいもの。

D 「もの知りだ」というプライド

あなたは自分の方が物事を知っているというプライドがあるようです。なので、周りの人に対しては、ちょっとシニカル（皮肉）な見方をしているようです。けれども、自分が知っていることについて、あなたは気前よく人に教えようとはしません。みんなが「わからない」と言っていても、聞かれない限り教えようとしないケチな面が。もっと親切に、気前よく人に接したいもの。

E 「明るく前向きだ」というプライド

あなたは「自分は前向きでポジティブな人」と思っているようです。そして、そんなクヨクヨ悩まない明るい自分を素敵だと思っています。でも、そういった前向きさは、自分の内面を深く見つめようとしないからかもしれません。自分を深く見つめれば、ネガティブな感情やコンプレックスになっていることが浮上することも。そういったものを受け止めることで、あなたの人間性はより深まります。

TEST 5

外出先での行動です。あなたはどっち？

次の3つの問いに答えましょう。

Q1

出かける用事ができたときは、ついでに他の用事もいくつか済ませますか？

はい ⇨ a　　いいえ ⇨ b

Q2

バーゲンセール会場で見つけた夏服。同じ値段です。どちらを買いますか？

2枚で5000円 ⇨ a　　半額で5000円 ⇨ b

Q 3

久しぶりに学生時代の友だちと、ちょっと贅沢をしてホテルのレストランでランチをすることに。どちらを選びますか？

バイキング ⇨ a

セットメニュー ⇨ b

Q1・Q2・Q3で選んだ答えを右表にあてはめるとあなたのタイプがでます。

Q 1	Q 2	Q3	診断タイプ
a	a	a	A
a	a	b	B
a	b	a	B
a	b	b	C
b	a	a	B
b	a	b	C
b	b	a	C
b	b	b	D

TEST 5

診断

外出をして、
バーゲンセール会場を通りかかったり、
友だちと会ったときには、
つい財布のひもが緩くなったりするものです。

このテストから、あなたの浪費癖がわかります。

A かなりの浪費家

欲しいものがあると、今すぐ手に入れないと気が済まないタイプ。「これいいな」と思ったらすぐ買ってしまい、無駄遣いや衝動買いも多そう。しかも、あれもこれもといろんなものが欲しくなります。あなたは欲しいものと必要なものの区別がついていない人。手元に現金がなければ、カードを使って買い物しそう。カードはできるだけ一枚にまとめるか、買い物するなら現金で支払える範囲にとどめた方が賢明かも。

B やや浪費家の傾向がある人

欲しいものがあると、思わず衝動買いしてしまうタイプ。でも、衝動買いで買ったものは、あとで冷静になってみるとそれほどいいものではなかったり、別に必要じゃなかったんじゃないかと思い、ちょっぴり後悔することに。無駄な買い物はしないようにと、自分に言い聞かせるあなたですが、店先やネット通販などでいいものを見つけたら、また欲しくなります。買い物は計画的にしましょう。

C なるべく無駄遣いをしない人

欲しいと思ったものをすぐに手に入れたいという衝動はあまりなさそう。浪費家傾向は少なく、それほど買い物の誘惑に負けることもないでしょう。欲しいものでも必要がないと判断したら、今は買わないでおこうと自分に言い聞かせられる人。ただ、百円均一や格安特価のものを、安いからという理由だけで買ってしまうことがありそう。節約するところを間違えて、「安物買いの銭失い」にならないように。

D よく考えてから買い物する人

無駄遣いはせず、浪費家傾向はなさそうです。欲しいなと思うものがあっても、今これが必要なのかどうか、じっくり考えてから買うかどうかを決められるでしょう。誘惑に負けない賢い消費者ですが、どこかで欲しいものも買わず我慢しているという気持ちがあるかも。ふだんはできるだけ節約し、堅実な生活をしながら、コツコツ貯めたお金やへそくりで、たまには自分へのご褒美の買い物をするといいかもしれません。

TEST 6

あなたが歩くのは、どんなとき？ どんな道？

あなたがいつも歩くのは
どんなときが多いですか？
また、どんなところをよく歩きますか？

A

用事があって
出かけるとき、
目的地まで
最短距離で行ける道。

B

運動のため、
ウオーキングや
ジョギングができる道。

C

ふらっと散歩に
出かけるとき、
何げない風景が
美しい道。

D

どこへ
行くにも通る、
いつも通る道。

TEST 6

診断

「歩く」ということからは、あなたの
日ごろの暮らしぶりが浮かび上がってきます。
また、「道」はあなたの
思考法や感じ方の特徴を表すものです。
その特徴を理解すれば、
日常生活はより充実したものになるでしょう。

A 現実的でテキパキと行動できる人

考えるよりも先に行動し、「まずはやってみてあとで考えよう」というタイプ。現実に即して臨機応変の態度が取れます。反面、想像力はあまり豊かではなさそう。家族の誰かが何か言っていても、「そんな夢みたいなこと言ってないで、さっさとやりなさいよ」なんて言っていそう。結果を求める人なので、報酬に結びつく仕事をするとやりがいを感じるでしょう。

B いろんなアイデアや計画が浮かぶ人

「あれをこうして、ああすれば、こうなる」「今度、こうして、ああしてみよう」と、頭の中で考えていることが多そう。でも、せっかく思いついたことも、アイデア倒れ、計画倒れになりやすい傾向があります。思いついたことをブログに書き、アイデアグッズを手作りして紹介したり、ついでにネットの商品を紹介してお小遣い稼ぎをしてみては？

C 自分の中の空想の世界に入り込みやすい人

自分がどう感じているかが大事で、自分なりの仕方で内面を表現したいという自己表現欲求を強く持っています。人生に潤いをもたらしてくれるアートや音楽、文学などに興味があり、そういうものに触れていないと生きていけないと感じています。あまり行動的ではありませんが、自分も何か趣味を持ち、その趣味を続けていくことが生きる糧となる人です。

D 慣れ親しんだものを好む人

変わらないもの、昔からあるもの、ずっと使っているものに愛着を感じていることでしょう。ぼんやりと心地よい空想に浸っていられるのが好きで、日々の生活も平穏無事なのがいちばん。ちょっとぼーっとして忘れっぽいところもありそう。それがかえって人をほっとさせるところかもしれないので、占いやマッサージを周りの人にやってあげると喜ばれるかも。

TEST 7

あなたの本当の年齢は？

❶から順に、「はい」「いいえ」で答え、矢印の質問番号に進んでいってください。
アルファベットがでたら、それがあなたのタイプです。

Start！

1

一日が短い。あっという間に過ぎる。気がついたらもう夕方になっているということが多い。

はい ⇨ 3
いいえ ⇨ 2

2

心霊写真やオカルト現象、幽霊が怖いくせに、本当にあった怖い話などに興味がある。

はい ⇨ 4
いいえ ⇨ 5

3

健康のことが気になり、テレビの健康番組やサプリメント・健康食品の広告がよく目につく。

はい ⇨ 6
いいえ ⇨ 5

4

思い通りにならないことがあるとイライラして、家族やものにあたることがある。

はい ⇨ 10
いいえ ⇨ 9

5

お金がなくても幸せというのは嘘だ。ある程度お金がなければ人は幸せになれないと思う。

はい ⇨ 8
いいえ ⇨ 9

10

片づけや整理整頓が苦手なので、家の中が散らかりやすい。

はい ⇨ A
いいえ ⇨ B

11

自分はひそかにフツーの人が知らないような売れない作家やバンドを応援している。

はい ⇨ C
いいえ ⇨ D

12

ふと自分は何で生きているのだろうとか、人生の意味について考えることがある。

はい ⇨ D
いいえ ⇨ E

13

趣味やおけいこ事を、自分より年下の先生から習う気にはなれない。

はい ⇨ F
いいえ ⇨ G

6

他人には感謝するより、こっちが感謝してもらいたいと思うことが多い。

はい ⇨ 8
いいえ ⇨ 7

7

店員の対応が悪かったりすると、店員教育がなっていない！とイライラする。

はい ⇨ 13
いいえ ⇨ G

8

自分の年齢を知らない人に、「いくつに見えます？」と聞いてみることがある。

はい ⇨ 13
いいえ ⇨ 12

9

ニュースの報道や周りで起きていることを見て、大人社会は汚いと思うことがよくある。

はい ⇨ 11
いいえ ⇨ 12

TEST 7

診断

人は実際の年齢とは異なる精神年齢というものがあります。
年をとっても気持ちや行動が若々しい人。
若くても妙に老成した人。
大人のくせに子どもっぽい人。
いつまでも思春期を抱えているような人……。

このテストでは、**あなたの精神年齢**がわかります。

A

あなたの精神年齢は…

幼児レベル

幼い子どもは、何でも自分の思い通りになると思っています。思い通りにならないと、駄々をこねたり、わがままを言って暴れたりします。また、幼児は無邪気で天真爛漫であるがゆえに、残酷なところもあります。あなたの中には、そのような幼児の部分があるようです。自分中心で自分勝手、分別に欠けているけれど、無邪気なところもあって憎めない、そんな人かもしれません。

B あなたの精神年齢は…
小学生レベル

小学生は集団生活で協調性を求められ、規則を守ることが求められます。幼児のようにわがまま勝手は許されません。大人や先生の言うことをよく聞き、ルールを守るのがよい子。あなたはその小学生のように、善悪の区別があり、していいことと悪いことをわきまえ、人や物事を判断しているようです。でも、それではまだまだ、人間理解が深いところまで達していないといえるでしょう。

C あなたの精神年齢は…
思春期レベル

自意識過剰で内面の感情が揺れ動く思春期。自我肥大が生じ、まるで自分は超能力者のように思えたり、自分以外は俗物で凡人に思えたりするものです。そのくせ、世間知らずで人前に出ると借りてきた猫のようにおとなしくなり、コンプレックスにさいなまれたりする。あなたの中にはそんな思春期の自我が充満しているようです。気分がうつうつとして、約束をドタキャンするのも思春期の特徴。

D あなたの精神年齢は…
青年期レベル

世界が可能性に満ちているように感じられる青年期。世の中にはいろんな人間がいてさまざまな価値観があることを理解し始めます。人との出会いが新鮮に感じられ、他人への信頼も生まれてきます。あなたはまさに、この青年期の自我を生きている人。毎日がさわやかに感じられるでしょう。青年期は異性への関心が最も高まる時期でもあり、周りに異性がいれば、ついはしゃいでしまうでしょう。

E あなたの精神年齢は…
30代大人レベル

30代といえば、いちばん気力も体力も充実し、自分に自信が持てる年頃です。現実を受け入れ、現実に適応していくために働きます。人生でいちばん物質的な価値観にとらわれやすい時期で、人を住んでいる家の大きさや職業、収入、肩書などで判断しがちです。それで優越感や劣等感を感じたりします。あなたはそのような30代大人レベルの精神年齢の持ち主です。

F あなたの精神年齢は…
熟年世代レベル

落ち着いた暮らしができるようになり、精神的にも成熟してきた熟年世代。豊かに実る世代ですが、その一方、これまでの経験からものを言うことが多くなり、ものの見方や考え方に若いころのような柔軟性が欠けてきます。あなたはまさにこの熟年世代のメンタリティを持つ人。ちょっと頑固になっていませんか？　先入観や固定観念に縛られ、寛容さをなくさないよう気をつけましょう。

G あなたの精神年齢は…
老人レベル

人は老境に達すれば、人生を達観し、地位や名誉やお金や、その他物質的なものへの執着心を手放すことができるもの。我欲が薄れて、穏やかで平和な内面を保てる人もいます。あなたの精神年齢はこの老人レベルにあるようです。でも、実際の年齢がまだ若ければ、あきらめ気分になることが多く、物事に無関心になりがちな傾向があるかも。まだまだ悟る必要はありません。もっと欲を出していきましょう。

PART

2

あなたのかくされた黒ーい感情がわかる！

TEST 8

PTAの集会で①

あなたがPTAの集会に行ったときには、
すでに多くの保護者が集まり、
あちこちで雑談の輪が広がっていました。
でも、ほとんどが話をしたこともない人
ばかりです。あなたはどう感じ、
どういう行動をとったでしょうか？

A

顔見知りの人を探し、見つけたらほっとして、ずっとその人の隣にいる。

B

近くで話が弾んでいる人たちに声をかけ、誰とでも雑談する。

C

自分以外は知り合いだったのかと思い、雑談の輪に入れず無口になる。

D

ちょっと気おくれして、人々の輪に入れず隅っこの方にいる。

TEST 8

診断

集団の中での行動は、あなたが周りの人とどんなかかわり方をしようとしているかを示しています。そこから、自分が受け入れられていないと感じるとき、どんな反応をするのかがわかります。

ここではさらに、あなたが**追いつめられたときに逆ギレするタイプかどうか**を診断しましょう。

A 追い詰められたら凶暴に

あなたはまさに「窮鼠《きゅうそ》猫をかむ」状態で、猫に追い詰められた鼠のように、怖いものに向かっていく人。ふだんはおとなしくても、人から自分の気に入らないことを言われたり、我慢のならないことをされると、突然、攻撃的になり、相手に反撃します。そのときのあなたはとても狂暴になっています。まさに、キレたら怖い逆ギレタイプです。そんな状況に直面することがなければいいのですが。

B 一方的に相手を責める

あなたは逆上すると、へりくつを言い始める人。言葉で人を傷つけます。人から自分の非を責められ、自分に都合の悪いことを指摘されると、「あなたに言われたくない」「そういうあなたはどうなのよ」と言い返し、相手の非を指摘することで攻撃に転じます。ふだんは明るく陽気に振る舞っていても、血走った目で早口でまくし立てていると怖い人。なるべく落ち着きを取り戻したいもの。

C ふだんからキレているふう

あなたは周りの人から、切れると怖い人に見られているかも。愛想が悪くぶっきらぼうなところがあり、それが人には怒っているように見えるのでしょう。自分では何も思っていないのに「なに怒っているの？」「機嫌悪そう」などと言われたことはありませんか？自分の怒りを隠せない不器用なところのあるあなた。それは逆ギレではなくて、ただ怒っているといった状態のようです。もっと笑顔を作りましょう。

D 空想の中でキレる

あなたは、追い詰められても、反撃せずに黙って引き下がる人。だいたい、威圧的な人や自己主張の激しい人に近づいてこられただけでストレスを感じるタイプ。激しい怒りを感じても、面と向かって相手に向かっていくことはなさそう。負のエネルギーは頭の中に流れ込み、空想の中で激しく相手を攻撃し、残虐に打ちのめしているあなたがいることでしょう。それを絵や小説にして発散しましょう。

TEST 9

PTAの集会で②

次の質問に答えましょう。
まずQ1で選んだ答えに従って、
Q2かQ3の質問に進んでください。

Q 1 PTAの集会で発言を求められました。あなたはどんなふうな言い方をしますか？

「私は賛成です」とか、「私はこう思います」とはっきり「私」という主語を使って発言する。 ⇨ **Q2へ**

「みなさんはどうなんですか？」と逆に質問したり、「考えてみないとわかりません」と判断を保留にする。 ⇨ **Q3へ**

Q 2 みんなの前で、ある人があなたのことをすごくほめてくれました。お世辞だとは思うのですが、あなたはどう感じますか？

お世辞でもほめられればうれしい。 ⇨ **A**

お世辞でほめられても別にうれしくない。 ⇨ **B**

Q 3 PTAの集会が終わって、「いついつまでに必ずメールか電話で連絡します」と言っていた人から、いくら待っても連絡がありません。あなたはどう思いますか？

ちょっと心配になる。 ⇨ **C**

ちょっと腹が立つ。 ⇨ **D**

TEST 9

診断

人とかかわることで、心の中には何らかの葛藤が生じ、負の感情が湧き上がってくることがあります。このテストでは、あなたの中の負の感情が周りの人に向かうとき、どんな状態になりやすいかを診断しました。

ここではあなたが、**どんなクレーマーになりやすいか**がわかります。

A セレブ気取りクレーマー

自分が特別扱いされないと黙っていられない人。何か文句があると、相手に対して上から目線でものを言います。「あなたじゃ話にならないわ。店長を呼びなさい」と、目の前の相手を取るに足りないもの扱いにし、まるで自分はセレブ気取り。相手が下手に出て、ひたすらお詫びし、お詫びのしるしに付け届けでもしてくれれば、すぐ機嫌がよくなりそう。

B 怖いおばちゃんクレーマー

自分が尊重されていないように感じると怒りだす人。「なに、それ、どういうこと！」と文句をつけたい相手を攻めたてるでしょう。相手があたふた言い訳すれば、ますます相手を追い詰め、萎縮させます。でも、意外に単純で、相手の親切な態度やストレートなお詫びにすぐ機嫌を直し、「わかればいいのよ」と、ちょっぴりエラそうな態度で引き下がるでしょう。

C 人に頼る弱気のクレーマー

自分は気の毒な被害者という態度をとる人。「どうして私がこんな目にあわなければならないの」「ほら、ひどいでしょう」と、泣き顔を作ったりして、周りの人からの同情を得ようとします。相手に直接文句を言うのはちょっと怖いので、クレームをつけなければいけないときは、「一緒に行って」とか、「代わりに言って」と、自分より強そうな人にお願いするでしょう。

D しつこい説教クレーマー

文句を言いながら他人とかかわることが習性になっている人。何かにつけ、ふだんから文句を言っていることは多いはず。「もっときちんとやってください」「責任を取ってください」「そんなのは通用しませんよ」と、説教がましく、くどくどと相手に言い寄ります。あなたが近づいてくると、「また、何か文句を言われるのかしら？」と思って敬遠している人がいるかもしれません。

TEST 10

新築の家に飾る絵

家を新築しました。
居間にシンプルな絵（抽象画）を
飾ることにしました。
あなたは、次のうちのどれを選びますか？

A 垂直

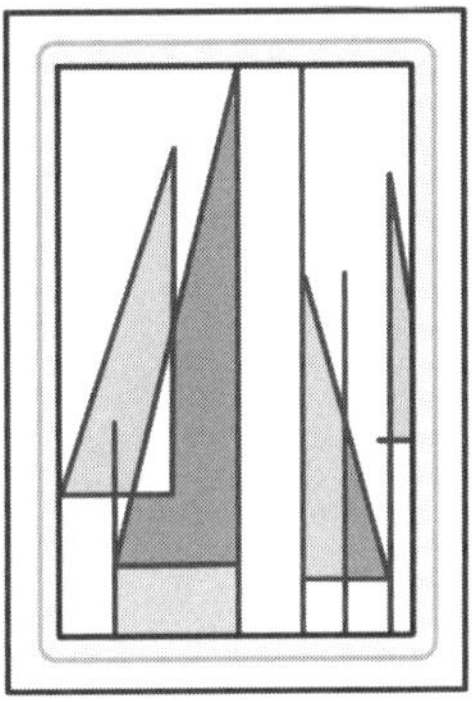

B 左右対称

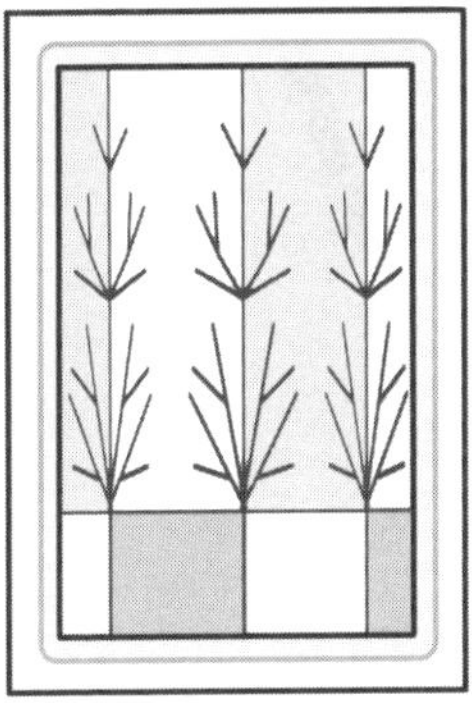

C 輪・広がり

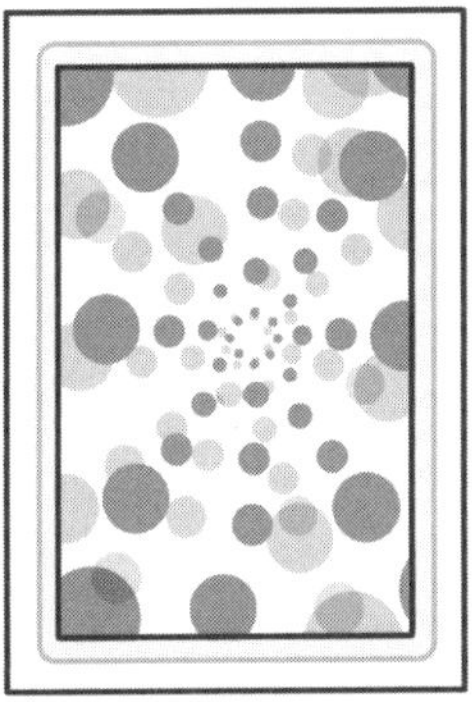

D 曲線

TEST 10 診断

あなたが好む図柄にはあなたの性格が反映しています。表面的な性格の背後――心の奥深くには、その人が恐れるものがかくされています。

このテストでは、**あなたが**
どんなことを恐れているのかがわかります。

A 堕落するのを恐れる

あなたが恐れているのは、自分が悪い人間になり、堕落してしまうのではないかということ。愛欲や食欲にまみれ、歯止めが利かなくなって、落ちるところまで落ちてしまうのではないかという恐れです。だからこそ、日ごろから自分を律し、自分の欲望をコントロールしようとしているのでは？　それが必要以上に、自分に我慢を強いることになっているのかもしれません。

B 安全が脅かされることを恐れる

あなたが恐れているのは、安全な暮らしが脅かされること。先のことを考えると、不安になるでしょう。経済的なことや健康のこと、家族のこと、不慮の事故や災害。考えれば考えるほど、心配の種はつきません。だからこそ、日ごろから慎重に行動し、コツコツ貯金したり、家族の健康に気をつけたり、保険に入っておこうと考えるのかもしれません。

C 必要とされないことを恐れる

あなたが恐れているのは、誰からも必要とされないことです。家庭でも周りの人間関係でも、自分が必要とされていると感じられるからこそ、頑張って働けるし、自分のことは後回しにしてでも、人のためにやってあげられることがあるのでしょう。「別にあなたなんかいなくていいよ」と言われたら大ショック。もう生きていく気力さえなくなるでしょう。

D 平凡であることを恐れる

あなたが恐れているのは、個性をなくしてしまうことです。もし、自分の個性が認められず、他の人と同じ平凡な人間とみなされるなら、どうして自分は生きている意味があるのかと悩んでいるのでは？　だからこそ、あなたは自分の感じ方や考え方を大切にしたいと思うのでしょう。「本当の自分って何？」といまも自分探しを続けているのかもしれません。

TEST

11

子どもに言うセリフ

テレビドラマのシーンで母親が子どもに何かを言い聞かせています。
その母親のセリフに、あなたは共感し、自分でもそう言いそうだなあと思いました。
それはどのセリフでしょうか？

A

「負けちゃダメよ。
一番になって見返して
やりなさい」

B

「もっと頑張りなさい。
まだまだ努力が
足りないわ」

C

「しっかりしなきゃ。
誰も助けてくれないのよ」

D

「もっと甘えてもいいのよ。
まだ子どもなんだから」

TEST 11

診断

あなたが選んだ答えは、実はあなたが自分自身の子どもの部分に言い聞かせている言葉です。その言葉によって、あなたは自分の気持ちを奮い立たせてきたのです。

ただ、それがいきすぎると、

あなたの性格のネガティブな面が

「嫌な性格」として浮かび上がります。

A せっぱつまると見栄っ張りで利己的な人に

あなたが自分を奮い立たせると、だんだん虚栄心が強くなってきます。自分をよく見せようとして見栄を張り、自慢できるものは何でもひけらかします。経歴詐称など、ときには嘘をついて、自分を実際以上によく見せようとします。人のものを横取りし、他人が考えたことをあたかも自分が考えたことのようにいい、自分の利益のために利用します。むしろ、内面を磨き、本当の実力を身につける努力をしましょう。

B 欲求不満がたまっている文句の多い人に

あなたが自分を奮い立たせると、だんだん欲求不満が高まってきます。なぜなら、何をやっても、人や物事は自分が求める完璧なイメージに達しないからです。他人の間違いを許そうとせず、いつまでもねちねちと責め続けます。自分自身に対しても、なんてダメなんだという自己批判の気持ちが湧いてきます。周りの雰囲気を暗くする嫌～なムードを醸しだします。もっと前向きに、心を広く持ちましょう。

C 力みすぎてバトルモードの怖い人に

あなたが自分を奮い立たせると、だんだんバトルモードになってきます。何でも力づくでやろうとし、自分の要求を押し通そうとします。自分に向かってくるものはみんな敵のように思えて、可愛げのない挑発的な態度をとります。自分自身に対しても容赦なく、休みも取らず限界を超えて働かせようとします。人の親切を受け入れず、ふてくされた感じの人になります。自分の中の弱さを受け入れ、優しさを解放しましょう。

D 人に近づきすぎてルーズでけじめのない人に

あなたが自分を奮い立たせると、けじめというものがなくなってきます。自分と他人との境界線があいまいになり、親しい人とはお互い様とばかりに寄りかかり、プライバシーに踏み込みすぎます。時間やお金のこともルーズになりがち。自分にも他人にも甘く、日々の生活はなんとなく心地よければそれでいいと考えています。自分に対してもっと厳しくして、けじめを大事にするようにしましょう。

TEST 12

バーゲンセール会場で

バーゲンセール会場で、「これ、欲しい！」と思って、あなたが手に取ろうとしたバッグを、近くにいた同年代の女性が同時に手に取ろうとしました。そのバッグはほかに同じものがなく、最後の一つです。あなたはどうしますか？

A

思わず手に力をこめ
離さないようにした。

B

思わず手を放してしまい
そこから離れた。

C

どうぞと言って余裕で
相手に譲った。

D

動けずに、
相手の出方を待った。

TEST 12

診断

あなたが手に取ろうとしたバッグは、ここでは幸せの象徴です。
それは他人も望んでいるもの。

このテストでは、あなたが
親しい友だちが幸せになったとき
どう感じるかがわかります。

A 他人の幸せは悔しい

あなたは他人が幸せになったのを見ると悔しいと思う人。あなたにとって幸せとは、人から羨ましがられるような生活ができること。だから、友だちがいい暮らしをしているのを見ると、幸せそうだと思い、自分も負けたくない、あんな暮らしがしたいと思うのです。もし、その人の暮らしに困難が生じ、あまり幸せそうでなければ、ちょっと胸をなでおろします。

B 他人の幸せは自分には関係ない

あなたは他人の幸せは見たくない人。他人の幸せは別に自分とは関係ないと思っているようです。それに誰が幸せかなんて比べられるものではないし、外から見ただけでは、その人が本当に幸せかどうかなんてわからないと言いたいのでしょう。あなたはむしろ、幸せということよりも、自分が生きていることの意味について知りたい人のようです。

C みんなが幸せになることを望む

あなたはみんなが幸せになることを望んでいる人。他人の幸せは喜んであげたいし、もちろん自分も幸せになりたい。あなたにとっての幸せとは、平凡でもいいから、家族が互いに愛し合い、周りの人と助け合って仲睦まじく暮らせること。だから、誰かが幸せになれば、羨ましいと思う気持ちをひた隠し、祝福してあげたいと思うのです。

D 他人の幸せは自分の不幸

あなたは他人の幸せが自分の不幸のように思える人。他人が幸せそうにしているのを見ると、相対的に自分の幸せが目減りするように感じるのでしょう。だいたい、他人はみな自分より幸せそうで、自分だけが割の合わない生活をしているように感じる傾向があります。あなたは自分がどんな点で恵まれているかに気づきにくい人なのかもしれません。

TEST 13

夫婦げんかの捨てゼリフ

夫婦げんかになりました。
お互い言いたい放題言い合って、
あなたはとうとう夫に対して一言、
捨てゼリフを言います。
さて、なんと言ったのでしょうか？

A

しばらく一人にしといて。

B

もうあなたの言うこと
なんか信じられない。

C

私だって
一生懸命やっているのよ。

D

こんなのぜんぜん
楽しくない。

TEST 13

診断

夫婦げんかの果ての捨てゼリフには、これまで言えなかった本音がポロリとでます。その本音の中には、真実をどうとらえ、自分の思いによってその真実をどうねじ曲げてしまうのか、

このテストから、あなたの嘘のつき方がわかります。

A 真実を愛し、嘘のつけない人

あなたは嘘のつけない人。別に正直者だからではありません。あなたはただ本当のことだけを知りたいし、本当のことだけを伝えたいだけなのでしょう。真実をねじ曲げて、嘘を言うなどということは思いつきもしないはず。あなたは真実のみを愛する人なのです。しかし、真実のみを求め、真実のみを語る人は、ときに冷たく、思いやりのない言葉を口にすることがあります。

B 自分を守るため、保身のための嘘をつく人

嘘をついているつもりはないけれど、つい本当のことを言いそびれて……。それがまず、あなたのつく嘘。あなたは自分を守るための嘘をつく人です。保身に回れば回るほど、あなたのつく嘘は、真実らしく聞こえるでしょう。とくに「あの人がこう言ったから」とか、他人を悪者にし、盾にしがちです。それで、誰かを窮地に陥れたことはありませんか？

C 嘘をつくのは悪いことと信じる、正直者

あなたは嘘をつくのは悪いことだと信じています。自分は正直で率直でありたいし、他の人にもそうあってほしい。だから、たとえ自分に都合の悪いことでも、正直に打ち明けるでしょう。しかし、何でもあまりに正直に率直に打ち明けられると、そんなことまで聞かされなくてもいいのにと思う人も。あなたには嘘のつけない人の持つ堅苦しさがあります。

D へりくつで、自分に都合のいい嘘のつける人

別に嘘をつくのは悪いと思っていない人。あなたは平気で嘘をつける人です。とはいえ、自分が嘘をついているという自覚はなさそう。あなたにかかれば、何でもあなたの都合のいいように解釈されてしまいがち。つじつまの合わないことも、へりくつでうまく帳尻合わせができるでしょう。周りの人は、「あの人の話は聞き流しておこう」と思っているかもしれません。

TEST 14

あなたの本音は？

A ブロック

次の①〜⑧までの項目で、**“あてはまるもの”** にチェックを入れてください。

- □ 1 以前悪口を言われたことのある人でも、困っていたら気の毒に思い、助けてあげたくなる。
- □ 2 夫以外の男性から告白されても絶対に夫を裏切らないという自信がある。
- □ 3 誰かが自分の嫌いな人のことをほめたら、一緒になってほめてあげる。
- □ 4 ママ友や近隣の人のことでは、どこに行っても悪口を言わないようにしている。
- □ 5 自分の親も義理の親もみんないい人で、自分はみんなのことが好きだし感謝している。
- □ 6 今の自分は何も困っていない。とくに何の問題もない。
- □ 7 自分は別にお金持ちになりたいと思ったことはない。今のままで幸せだ。
- □ 8 家族に対して嘘をついたことはない。

B ブロック

次の⑨〜⑬までの項目は、
“あてはまらないもの”に
チェックを入れてください。

- □ 9 お賽銭や募金などはつい出し惜しみして、小銭しか入れない。
- □ 10 お釣りを間違って多く渡されても、小銭ぐらいならそのまま黙って帰る。
- □ 11 家事をするのも嫌、子どもやペットの世話も、面倒くさいと感じてしまうことがある。
- □ 12 周りの人はみんな自分よりずっと何でも要領よくやっているように思えることがある。
- □ 13 頭の中でぶつぶつと誰かのことを批判していることがある。

Ⓐブロックは**“あてはまるもの”**を、Ⓑブロックは**“あてはまらないもの”**をチェックをしましたか？

採点の仕方

チェックがついたものを
１点と数えて合計点を
出してください。
あなたは何点でしたか？

□ 点

TEST 14

診断

人の心の中には善人の部分もあれば、善人にはなりきれない本音の部分もあるものです。
このテストでは、あなたがどれだけ善人であろうとしているのか、
また自分を善人に見せかけようとしているのか、

善人度と偽善者度がわかります。

11点以上

善人？ それとも偽善者？

あなたはなんて心根の美しい人。心の中で思っていることも行ないも立派です。根っからの善人なのですね。利己的な感情や悪しき心はかけらもないようです。でも、それは本当でしょうか？ あなたは自分の中のネガティブな感情や悪しき思いを心の奥底に封じ込め、ひた隠し、そんなものは存在しないと自分に嘘をついているところがあるのでは？ 人からは偽善者と見られているかも。

7〜10点　善人でありたい人

あなたは善人のようです。善人でなければばならないという思いがあり、自分の本心を抑え込んでいるところがあるようです。自分の中に悪しき感情や利己的な思いが湧き上がってくると、「そんなこと思っちゃいけないわ」と自分で打ち消そうとするでしょう。人前でもなるべく善人のように振る舞い、善良な市民でいようとするでしょう。本音を隠して、ちょっぴりいい子ぶったところがありそう。

4〜6点　善人にはなりきれない人

あなたはわりあい自分に正直で、自分を偽らない人。善人にはなりきれないと思っているようです。人前ではタテマエでいいことを言っていても、親しい間柄になるとつい本音を口にし、「じつはさあ、こう思ってるんだけど」「あら、あなたもそう思ってた?」「あなたって意地悪ね」などといった会話を楽しんでいるのでは? 善人になりきれないので、偽善者にもなりきれないようです。

3点以下　本音丸出しの人

あなたは嘘偽りのない本音丸出しの人。自分では裏表のない人間だと自負しているようです。人の善意や気高い心から出た言葉や行為を心から信じることができないタイプ。世の中の人間は誰でも、自分と同じような本音の部分を抱えていて、どこか利己的なところがあるものだと思っているのでは? しかし、あなたの心の奥底には、意外と善人の部分も潜んでいそうですよ。

Column 1

「許せない！」と思ったときはどうする？

誰かに言われたことやされたことで「許せない」と思ったことはありませんか？「許せない」という気持ちの背後には怒りがあります。非常に強い怒りです。ですから、「許せない」と思った時には、その怒りにとらわれがちなのですが、その怒りの根底には、実は隠された痛みと悲しみがあります。あなたが誰かを許せないと思った時、自分の中にあるその痛みと悲しみに気づいてください。そして、「自分はこんなに傷ついていたんだ」と認めてあげてください。そうすれば、あなたの怒りは鎮まり、心の奥深くから、もっと別の思いが浮上してくることでしょう。もしかしたら、あなたは許せない相手をかわいそうに思うようになるかもしれません。

PART 3

あなたが本当に悩んでいることがわかる！

TEST 15

嫌いな人

あなたがいちばん嫌いだなと思う人のことを思い浮かべてみてください。
性格的な面で、その人のどんなところが嫌いですか？
全部書き出してみてください。

○○さんの
ここが嫌い！

TEST 15

診断

嫌いな人の嫌なところ、
それは相手に投影された
あなた自身の
嫌なところです。

あなたが思い浮かべた嫌いな人の嫌な面はどんなところだったでしょうか？

書き出した内容を見直してみてください。そこにはあなた自身の性格と共通したものが映し出されていませんか？

私たちが他人の中に見出す嫌な面は、じつは自分自身の嫌な面でもあるのです。それは投影のメカニズムと呼ばれるもので、自分の中にあるものを相手の中にあるものとしてみてしまうのです。自分の中にあることは認めたくないものです。でも、あなたの中にそういった面がなければ、どうして相手の中にそのような性質があることがわかるでしょうか？　あなたが嫌っている人。それはあなたと似た人かもしれないのです。

たとえば、「あの人ってケチね」と言っている人は、自分自身の中にもケチな部分があるものです。友だちのことを「意地悪だ」と思っている人は、その人の中にも意地悪な部分があるわけです。

誰かが他人の悪口を言っているとき、どんなことを言っているかその内容をよく聞いてみると、その人自身がどういう人かを物語っているものなのです。

TEST 16

いちばん信頼ができるのは？

ＰＴＡでちょっとした問題が起きて、
総会が開かれ、
役員がいろんなことを言っています。
あなたはどの役員をいちばん信頼しますか？

A みなさんがどう感じておられるかをお聞きし、お一人おひとりの気持ちを大切にしたいと思っています。

B この場を誰もが平等公平に意見を言うことのできる場とし、腹を割った率直な話し合いがもてる場にしたいと思っています。

C つねに信頼できる情報やデータを示しながら、誰もが納得のいくやり方で結論を出していきたいと思っています。

TEST 16

診断

このテストでは、あなたが自分と他人、また、
自分と周りの世界の関係を
どのようにとらえているかがわかります。

そこから、あなたが対人関係などで生じた
ストレスをどのように発散しているか
がわかります。

A 他人に関心があり、自分も周りの人から関心を持ってもらいたいタイプ

他人に好かれたいという気持ちがとても強いので、無視されるのがいちばん嫌。「無視された」と感じると、すごく傷つきます。他人に関心があるぶん、そのプライバシーに関心を持ち、噂話なども好きで、他人の悪口を言うことでストレスを発散していることがあります。気づかないうちに、他人に対してとても意地悪なことを言っていないか、ちょっと振り返ってみてください。

B 自分のパーソナルスペースを大事にするタイプ

人から干渉されたくないという気持ちが強く、自立していたい人です。自分と人との間に物理的な距離をおき、適度なスペースを保っておこうとします。他人がどう思っているかとか、自分が他人からどう見られているかということはあまり気にせず、マイペースです。ストレスがたまると、頭が重い感じになり、何も考えられず、頑固で不愛想になります。少しぐらいのストレスなら一晩眠れば回復するでしょう。

C 自分で思っているより頭の中で思考しているタイプ

頭の中に雑念が浮かぶことが多く、いいアイデアや考えよりも、雑念の方が多い人かもしれません。頭の中で考えることは、まだ起きていないことで、こうなるかもしれない、そうなったらどうしようといった不安を引き起こすことがあります。ですから、ストレスがたまると、不安になりやすく、眠れなくなったりするので、瞑想やヨガ、武道などの運動で、雑念を鎮めましょう。

TEST 17

無実の罪でとらえられた人

無実の罪で長く牢獄に入れられていた人が、真犯人がわかり釈放されました。その人がテレビでインタビューに応え、投獄されていた日々のことを語っていました。あなたは、もし自分が同じ立場だったらと思いながら、その人の話を聞いていました。この人がいちばん辛くて悔しい思いをしたことはどんなことだと思いますか？

A

狭い牢獄に閉じ込められ、
自由が奪われたこと。

B

監視カメラや看守によって、
四六時中監視されたこと。

C

自分が獄中にいる間、
真犯人がのうのうと
暮らしていたこと。

D

自分の名誉が傷つけられ、
仕事もできなくなったこと。

TEST 17

診断

牢獄とはままならぬ人生を表しています。
私たちはみんな、無実の罪でままならぬ人生という牢獄に閉じ込められた囚人と考えるならば、思いのままにならない人生に対して、あなたが**どんな人生を送りたいか**がわかります。

A ハッピーで楽しい日々を送りたい人

いろんなことをやってみたいし、チャンスを逃したくないと思っているはず。ところが、現実はやりたいことがあっても、日々の仕事や家事、雑事に追われ、なかなか思うにまかせないことが多いでしょう。やりたくないこともやらなければならない義務や責任があります。それが漠然とした束縛感となってあなたを縛り、心の中のモヤモヤを生じさせている原因のようです。

B 他人から批判されないようにしたい人

日々の仕事や家事もおろそかにせず、やるべきことはきちんとやっているはず。ところが、自分のしたことはあれでよかったか、間違っていなかったかなどと思いを巡らすうちに、ああすればよかった、こうすればよかったと後悔や自分を責める気持ちが生じ、悶々とし始めます。他人からも批判されているように感じてしまうのです。それがあなたのモヤモヤの正体です。

C 何でも自分の思う通りにやりたい人

日々の仕事や家事も全部自分が仕切りたい人。人にああしてこうしてと指図したり、人にやってもらうより自分でやった方が早いと思うことが多く、ちゃっちゃとやってしまうのでは？　自分の思い通りにならないことがあれば、ストレスに感じるでしょう。人から指図されるのも不愉快。ましてや、自分ではどうにもならないことがあると、無力感を感じて悶々とするのです。

D ワンランク上の生活がしたい人

周りの人と比べて、ちょっぴり優越感を保てるような生活を望んでいて、経済的なゆとり、自慢できる家族、年齢より若く見える素敵な自分などに憧れています。でも、現実には、人に知られたくない苦労や悩みもあり、自慢できることばかりではなさそうです。外に向けている顔と実際の自分の間には少しばかりギャップがあり、それがモヤモヤとした気分につながっていそう。

TEST 18

新製品発表会で

高性能のロボット掃除機の新製品発表会に、ママ友と一緒にモニターで参加しました。説明を聞いていると欲しくなったあなた。その時、主催者から、今日の参加者に3台限定でこの商品をプレゼントするという発表があり、「欲しい人は手を挙げてください」と言われました。その瞬間、数人の人がすかさず「はい！」と手を挙げました。さて、あなたはどうしたでしょうか？

A

自分も急いで「はい！」と手を挙げた。

B

他の人たちはどうかと周りを見回した。

C

「よくあんなふうに手を挙げられるなあ」と、自分も挙げたいと思っていてもできなかった。

D

「自分には無理」と最初からあきらめた。

TEST 18

診断

このテストからは、あなたがふだんの人付き合いの中でどのような態度をとっているか、対人関係のあり方がわかります。

その特徴から、**あなたのどんなところが周りの人をイラッとさせているか**を診断しましょう。

A

あなたが人をイラッとさせるのは、**自己中心的な**ところです

自分中心の話し方や人前で自分をひけらかすような態度が他人には目障りと思われているかも。あなたは繊細さに欠け、周囲の人に対する細やかな心配りができていないところがあります。自分で思っているよりも、ずっと大きな声でしゃべり、大きな音を立てていそう。周りの人は、「あまりでしゃばらず、もうちょっと控えめにしてよ」と言いたいはず。

B あなたが人をイラッとさせるのは、優柔不断なところです

あなたは人に合わせようとするため、相手によって態度が変わるように見えることも。それが裏表のある態度に見えるようです。その場では、自分の意見や考えを主張できないくせに、あとあとまで不満や文句を言い続けていたり、裏に回って文句を言っていることがあるのでは？　周りの人は、「文句があるなら、その場ではっきり言えばいいじゃない」と言いたいはず。

C あなたが人をイラッとさせるのは、主観的で自意識過剰なところです

何でも自分の好き嫌いで判断をして、他人の気持ちや感情には無頓着。そのくせ、自分は他人の言葉にすぐに「傷ついた」とナイーブな自分をアピール。自分の感情にとらわれすぎて、何事にも少し距離をおいたところから客観的に見るという視点に欠けていそう。周りの人からは、「想像だけでものを言わないでよ」「あの人、うっとうしいのよね」と言われそう。

D あなたが人をイラッとさせるのは、気が利かないところです

あなたは、自分の労力を使い、人のために何かをしてあげるということがなさそう。言われなければやらないし、言われたことしかやらないタイプ。協調性に欠け、みんなが和気あいあいとしているときに一人だけ離れたところにいて、しらっとした態度で場の雰囲気を壊してしまいそう。周りの人は、あなたに対して「もうちょっと、気を利かせてよ」と言いたいはず。

TEST 19

着なくなった洋服

つい欲しくなって買ってしまった洋服。
何度か着たあと、もう着なくなり、
フリーマーケットに出すことにしました。
買うときは店員から似合っていると言われ、
自分でも素敵だと思っていた洋服なのに、
フリーマーケットに出してしまった理由は何ですか？

A

ちょっと派手すぎた。

B

ちょっと
着心地が悪かった。

C

同じ服を
着ている人がいた。

D

もう飽きてしまった。

TEST 19

診断

服は本来の自分ではなく、自分に期待されるもう一つのキャラクターを意味しています。その服をもう着ないということは、自分に期待されたキャラクターを受け入れられないということです。

そこから、あなたが

他人から強要されたくないこと

がわかります。

A 口うるさく言われたくない人

とくに「誰々に負けるな」とか、「やるなら一番になれ」とか、「もっと自分の得になるようなことをしろ」とか、行動に駆り立てられるのが嫌な人です。「ああしろ」「こうしろ」と指図するのはやめてほしいと思っているはず。おしゃべりな人や強気の人、大きな物音を立てる人からは、なるべく遠ざかっていたいようです。

B 決めつけられるのが嫌な人

あなたはこうと決めつけられたり、「こんなふうに思っているのでしょう」と、想像でものを言われるのがいちばん嫌な人。たとえ、相手に悪気はなくても、「あなたってこういう人よね」などと、わかったようなことを言われると、「そんなふうに決めつけないで」と言いたくなるでしょう。相手が繊細に耳を傾けてくれていなければ、自分の話をする気がしないでしょう。

C みんなと一緒にされたくない人

自分をユニークな個人として尊重してほしいという気持ちが強いようです。家族や周りの人には、「他人と一緒にしないで」と言いたくなるでしょう。また、自分のことはなかなか理解してもらえないと感じているようで、たとえ友だちでも、安易に「わかる」「わかる」というようなリアクションはしてほしくないと思っています。

D 責任を押し付けられたくない人

責任の重いことや面倒なことはやりたくないタイプ。ふだんから、そういうことはなるべく避けて通るようにしているはず。しかし、家族や周りの人から、「無責任な人」と言われるのも嫌。それは案外、図星だったりするからです。そこで、自分が責められないように、先手を打って自分に都合の悪いことは、「あなたのせいよ」と他人のせいにしてしまうことがあります。

TEST 20

隣に引っ越してきた人

隣に引っ越してきた人が
挨拶にやってきました。
その人は主婦だというのですが、
あなたはその姿を見て、この人と
ご近所付き合いするのは無理と感じました。
それはどんな人だったでしょうか?

A

高級ブランド品で全身固めた人。

B

ピンクにフリルのドレスを着たロリータファッションの人。

C

アニマル柄のジャケットに革のパンツ姿の人。

D

ヤンキー風の茶髪にジャージ姿の人。

TEST 20

診断

あなたが付き合うのは無理と思った隣人の姿は、
自分の中に欠けていると感じている要素を示しています。
実は、それはあなたが心の奥深くでは、
羨ましい、妬ましいと思っているものなのです。

ここでは、あなたが**どんな人のことを羨み、妬んでいるか**がわかります。

A お金持ちが羨ましい

あなたはずばり、お金持ちを羨ましいと思っています。豪邸と呼ばれるような大きな家に住み、しょっちゅう海外旅行に出かけ、高級ホテルに泊まれるような人。要するに、セレブな暮らしをしている人が羨ましいのです。ママ友やPTA、地域活動で出会う人の中に、実家が資産家で恵まれているとか、夫が名のある会社に勤める高給取りでゆとりのある生活のできる人がいれば、心がひりつくような妬ましさを感じるでしょう。

B 優雅な主婦が羨ましい

あなたは家事や子育てに追われず、趣味やおけいこ事にたっぷり時間を使える主婦を羨ましいと感じます。理解のある夫がいて、その夫に「うちの妻は何もできないので」なんて言わせながら、すっかり依存し甘えていられるような主婦を、優雅でいいなあと思っているのでしょう。そういう主婦は所帯じみたところがなく、実年齢よりもずっと若く見えるもの。あなたは自分より若い女性はみんな妬ましく感じているのかも。

C 自活している女性が羨ましい

あなたは強い女性を羨ましいと感じているようです。強い女性というのは、自分で稼いで、自活できるだけの能力があり、男性と対等に渡り合っていける女性です。そういう女性であれば、いちいち夫や家族にお伺いを立てなくても、やりたいことを自由にやれるだろうし、夫や親に遠慮することもなさそう。男友だちなんかもたくさんいて、年下の男性からも慕われるような女性を見ると、妬ましさがつのります。

D 見栄を張らずに生きられる女性が羨ましい

あなたは地域や地元に根付いた暮らしをしている人を羨ましいと感じるようです。近くに幼なじみや同級生が何人もいて、困ったときにはお互い様と助け合えるような人間関係に憧れているようです。子どもを預け合ったり、夫同士も親しくなって、家族ぐるみの付き合いをしている人たちを見ると、自分もそういう付き合いがしたいと思うとともに、妬ましさを感じているはずです。

TEST 21

公園のベンチで

偶然通りかかった公園のベンチに、仲良さそうに
座っているカップルの姿を見かけました。
なぜかそのカップルの姿が印象に残り、
家に帰ってからもあなたの
まぶたに浮かんできました。
それはどんなカップルだったでしょうか？

A

制服姿の
高校生カップル

B

今風ファッションの
若者カップル

C

子育て中の
パパママカップル

D

シニアカップル

TEST 21

診断

あなたの記憶に残ったカップルの姿は、夫との間に求めている関係を表しています。それは今の生活には欠けていると感じているものかもしれません。

ここでは、**あなたが夫に何を求めているのか**がわかります。

A 思春期のような胸キュン体験

あなたが味わいたいのは、思春期に感じたような胸キュン体験。相手を思う切ない気持ち。デートの前のようなワクワクドキドキ感。しかし、夫との間ではさすがに、そのような気持ちを味わうことはできなさそう。それはドラマや映画で味わうしかなさそう。でも、新鮮な気持ちを取り戻すために、夫婦二人だけで旅行に出かけたりするといいかも。

B もっと深く理解し合いたい

あなたが求めているのは、もっと深く理解し合うこと。最近では、日々の忙しさにまぎれ、お互いにゆっくり話し合う時間が持てないと感じているのかも。青春時代の夢や理想は、まだ完全に消えたわけではないでしょう。休日の前の夜など、昔流行った懐かしい曲や好きなアーティストの曲などを聞きながら、二人でじっくり語り合ってみては？

C 現実的なことを話し合っておきたい

あなたはこれからの人生設計について、夫ときちんと話し合っておきたいと思っているようです。将来に備え、不安のないように準備しておきたいという気持ちが強そう。そのために、現実的な家のローンのことや保険、教育費のことなど、具体的なことを話し合い、確認しておきたいはず。ワインなどを飲みながら、ゆっくりくつろぐのはそのあとでよさそう。

D ただ思いやりがあればいい

あなたは、夫婦は思いやりが大切だと思っているようです。いちいち言葉にしなくても、お互いの気持ちや求めているものが理解し合えるのが理想。夫との間では、波風を立てず、平和な暮らしができればいいと思っているのでしょう。多少のことは目をつぶっても、許し合えるような関係であればいいのです。一緒に食事をする時間を大切にするといいですね。

Column 2

気分が落ち込んだときはどうする？

ちょっとしたことで落ち込んだり、プチうつ気分になったとき……。そういうときは何もする気になれないかもしれませんが、「気分＝自分ではない」ということを覚えておいてください。気分はあなたの中の一部に過ぎません。気分はどうあれ、あなたは体を動かして行動することができます。散歩に出て外の空気に触れれば、気分は変わります。「何も食べたくない気分」にまかせるのではなく、体に栄養と活力をあげようと思い直し、きちんと食事をしてみる。そうすると体の内から元気の「気」がわいてくるのを感じるかもしれません。

気分はどうであれ、やるべきことをやってみれば、気分のとらわれから抜け出すことができるでしょう。

PART 4

あなたの本当の対人関係がわかる！

TEST 22

あなたの印象は?

次の①から⑮までの項目で、あなたに当てはまるものにチェックしてください。

□ 1 お店やレストランで席についたとき、店員を呼んでも、なかなか気づいてもらえない。

□ 2 同じ集まりに参加していた人から、あとで「あのこと聞いた?」と言われることがある。

□ 3 みんなで分けて食べようと回ってきたお菓子が、自分のところまでくるともうなくなっていたということがよくある。

□ 4 人に悪口を言われたり、自分の噂話をされたことがほとんどない。

□ 5 順番に回ってくる自己紹介で、自分の番が飛ばされて先に進んでしまったことがある。

□ 6 記念の集合写真では、たいていいちばん端っこにいるか、誰かの頭の後ろに隠れて顔が半分ぐらいしか見えない。

□ 7 その場にいる人は、みんな誘われているのに、自分だけ声がかからないということが何度かあった。

□ 8 親や家族以外に、下の名前で呼ばれたことがない。

□ 9 何かの集まりやイベントに参加しても、誰とも目が合わずに帰ってくることがある。

□ 10 バスやエレベーターに乗ろうとすると、なぜか目の前でドアが閉まってしまうことが多い。

□ 11 同窓会やクラス会があったというのを、なぜか終わったあとで耳にする。

□ 12 めったに、メールアドレスを教えてとか、SNS（ソーシャル・ネットワーキング・サービス）に登録している？　と聞かれることはない。

□ 13 連絡網の連絡のほかは、家族以外の人から電話やメールが届くことはほとんどない。

□ 14 美容院に行った当日、人に会っても誰にも何も言われない。

□ 15 レジの列などに並ぼうとすると、すっと人に割り込まれ先に並ばれることが多い。

採点の仕方

チェックがついたものを
１点と数えて合計点を
出してください。
あなたは何点でしたか？

点

TEST 22

診断

あなたは周りの人から
どのような印象を持たれているのでしょうか。

このチェックテストで
あなたの存在感がわかります。

11点以上

あなたはきわめて存在感の希薄な人

あなたは、存在感が希薄で、影の薄いタイプです。なかなか他人の記憶には残りにくいようです。あなたほど存在感が薄いと、それは一つの個性となりうるものです。あなたは他人に関心を持たれにくいので、他人の目を気にする必要がありません。何でもやりたいことをやりたい放題やってみましょう。控えめにする必要はありません。

7～10点

あなたは印象に残りにくい人

あまり目立たないタイプです。それほど存在感がなく、人々の印象に残りにくい人のようです。人からそれほど関心を持たれることがないので、あえて控えめにする必要はありません。控えめにすると、ますます目立たなくなってしまいます。自分ではちょっと厚かましいかなと思うぐらいの態度に出ても大丈夫です。それでフツーという感じです。

4～6点

あなたは印象に残りやすい人

あなたは少し目立ちます。よく顔を合わす人の間では、すぐに、顔を覚えてもらえる人です。積極的に発言すれば、より印象に残りやすくなります。存在感のある人は、自分の発言を周りの人から受け入れてもらえる可能性が高くなるので、すすんで自己アピールしましょう。知り合いがたくさんでき、役に立つ情報なども入ってきやすくなります。

3点以下

あなたはかなり存在感のある人

かなり存在感がありそうです。どこに行っても、わりあい人の印象に残る人かもしれません。世の中では存在感のある人の方が、存在感の薄い人より、何でも自分の思い通りにできるところがありま す。大勢の中で目立つ人や注目を浴びやすい人は、何かしら得をすることが多いものです。そのことを自覚して、遠慮せず堂々とした態度を貫きましょう。

TEST

23

バッグが開けっぱなしになっていたら

イラストを見て答えてください。

友だちが肩から下げている大きなバッグのファスナーが開いたままになっています。

あなたならどうしますか？

A

中に何が入っているのか、
ちら見してしまう。

B

「ファスナー
開いているわよ」と
教えてあげる。

C

「ファスナー
開いているわよ」と
言いながら閉めてあげる。

D

別に何も言わないし、
何もしない。

TEST
23

診断

バッグの中身は他人のプライバシーにかかわるもの。
そのプライバシーに触れそうになったとき、
どういう反応を示すかによって、
あなたの**他人に対する**
関心の向け方と思いやり度
がわかります。

A 好奇心から関心を持つタイプ

あなたは、好奇心から他人のプライバシーをのぞいてみたい人。他人のことに関心はありますが、いちばん興味があるのは自分自身のことで、いつも自分のことだけで忙しいはず。他人に対する思いやりの心はなくはないけれど、気持ちにゆとりがなくなると、他人のことなどどうでもよくなりそう。他人を思いやるよりむしろ、自分が思ってほしいタイプかもしれません。

B 相手のことを知りたいタイプ

あなたは、気配りのできる人。相手がどういう人なのか知りたくて、プライバシーに興味を持ちます。でも、あからさまに聞いてはいけないと思い、遠慮がちに人と接するところもあります。知り合いには思いやりを示すけれど、赤の他人には警戒心を抱きがち。相手がプライベートなことを打ち明けてくれたら、自分もちょっとした打ち明け話などしてお返しするタイプ。

C 思いやりがお節介になりやすいタイプ

あなたは、節度のある付き合いをしようとしている人。たとえ、友だち同士でもプライバシーに踏み込みすぎてはいけないという気持ちがあります。思いやりの心のある人ですが、その思いやりや気配りが、ともすると独りよがりのものになりがち。自分でも気づかないうちに、「こうしたほうがいいわよ」などと、お節介やお説教じみたことを口にしていませんか?

D 他人に関心のないタイプ

あなたは、あまり他人に関心のない人のようです。他人に興味がなければ、他人の気持ちにも無頓着になりがちで、どうしても思いやりに欠けてしまいがち。あなたの場合、周りからはちょっと冷たい人と見られていることがあるかもしれません。ほんの少しだけ、目の前の人に、どういう人かしらと関心を向けてみれば、それだけで小さな思いやりが生まれますよ。

TEST 24

太陽の絵

太陽の絵を描きました。
あなたが描いた太陽はどれですか？

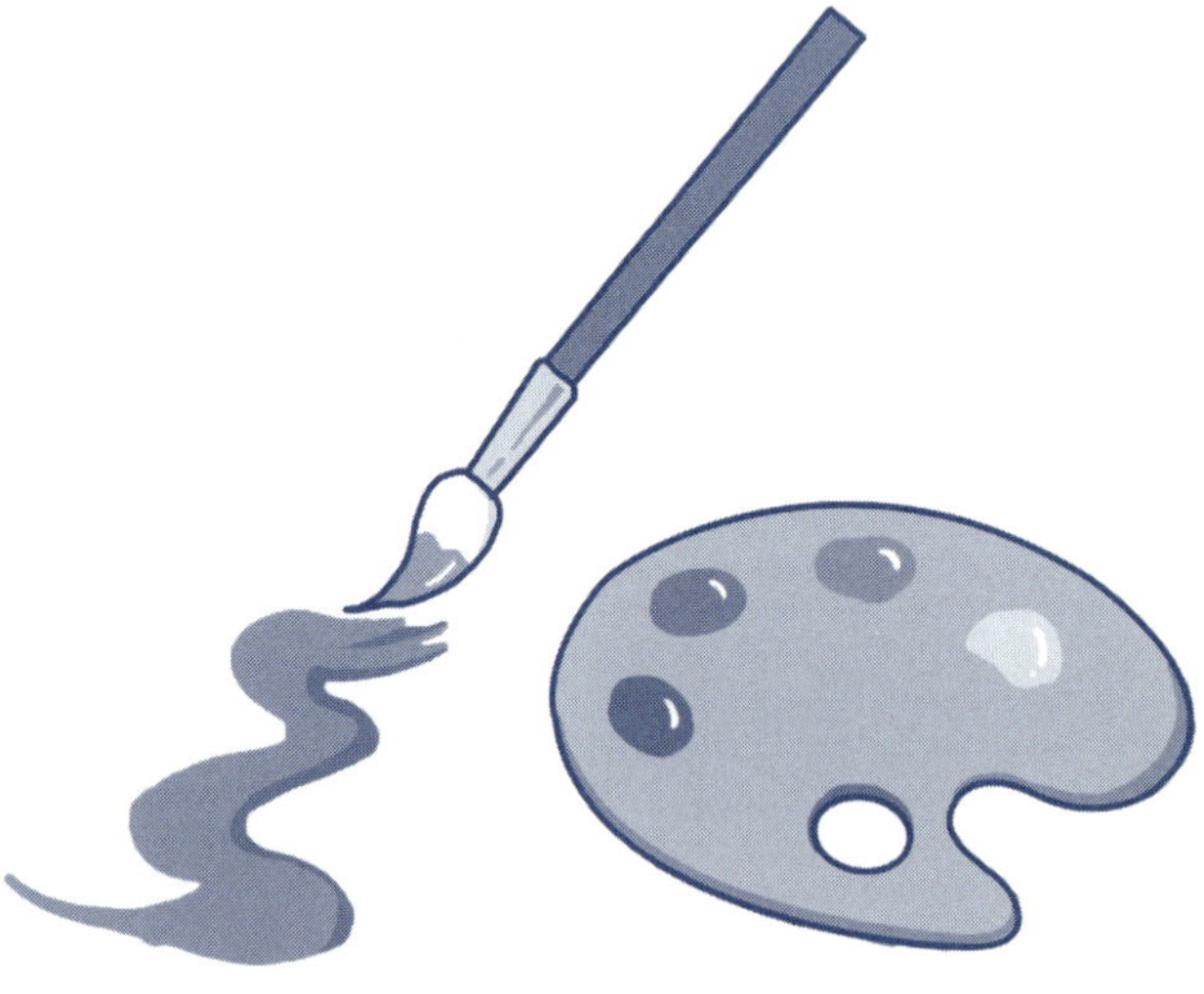

A

朝日

B

真昼の太陽

C

夕日

TEST 24

診断

太陽はあなたの自己イメージを表しています。どんな太陽を描いたかで、あなたがどんな自己評価をしているかがわかります。しかし、自己評価は必ずしも他人からの評価と一致するとは限りません。

このテストでは、あなたの**自己評価と他人からの評価のずれ**について診断しました。

A 上から目線

自分は正しいという意識

あなたはいつも「自分は正しい」と思っている人。少なくとも、「何が正しいかを知っている」と思っている人です。だから、周りにいい加減な人がいるとイライラし、自分が正さなくてはと思うのでは？　自分では誰にでも平等公平に接しているつもりですが、周りの人からは、優等生的で、ちょっぴりエラそうなところがあり、上から目線の人と思われているかも。

B たしかに自信家

自分は人より優れている

あなたは自分に自信を持っているようです。少なくとも、「自信を持っていたいし、自信を持たなければやっていけない」と感じている人です。実際、「自分は人より優れているはず」という思いが自信となって、あなた自身を輝かせ、周りの人にも「あの人はすごい」「ちょっと違うよね」と言わせるだけのエネルギーを発散させるもとになっているのでしょう。

C ただの気分屋さん

自分は特別、ちょっと変

あなたは自分の感じ方は他人とは違い、どこか変なところがあると感じているようです。人と話をするときは、よく「ちょっと変なんだけど」と前置きしていませんか？　自分には他人にはない何か特別で非凡な才能があると感じることがありますが、それが何なのか自分でもわからないところが。周りの人からはただの気分屋さんと見られていることが多いかも。

TEST 25

子どものお出かけ

休みの日の午後のことです。
玄関口で母親が子どもを見送っています。
子どもはこれからどこへ行くのでしょうか?

A

塾・おけいこ事

B

お祭り

C

友だちの家

D

親せきの家

TEST 25

診断

子どもを送り出す先は、
あなたと子どもとの距離感を表しています。
それは、あなたが子どもに対してとっている
精神的な距離感であり、
そこからあなたの**子離れ度**がわかります。

A 子どもの将来は自分の将来

あなたは子どもの成績や評価について、まるでわがことのように一喜一憂しがち。もちろん、わが子には優秀であってほしい人。子どもの将来を考えて、「あなたのためなのだから」と、勉強やスポーツ、おけいこ事などをやらせ、何でも他の子よりできることを望んでいます。子どもの将来を自分の将来のように感じているので、子離れはなかなかできそうにありません。

B 子どもに煩わされたくない

あなたは子どもに余計な心配をかけないでほしい、余計な世話を焼かせないでほしいと思っています。一見、子離れできているようですが、それは子どものことより、自分のことにより関心があるからなのでしょう。子どもに煩わされたくないというのが、いちばん正直な気持ちなのでは？　そういう母親のもとでは、子どもは意外にしっかりしているかもしれません。

C 子どもに依存しそう

あなたはいい母親であろうとしている人。自分では子どもの意思を尊重しているつもりですが、世間体や他人の目を気にしてしまい、子育てに関しても周りの人の意見に左右され、わが子をよその子と比べてしまいがち。成長した子どもには、「お母さんの考えはどうなのよ？」と聞かれてしまうかも。子どもがしっかりしてくると、子どもに依存する親になりそう。

D 目の届くところにいてほしい

あなたは子どもを自分の目の届く範囲においておきたい人。家の中では、子どもに「自分のことは自分でしなさい」と自立を促しているのかもしれませんが、自分の目の届かないところに行ってしまうと心配で、口うるさい母親になってしまいそう。それに、子どもが母親から離れていくのが寂しいと感じるようです。まだ当分、子離れはできそうにありません。

TEST
26

王女様のお誕生日

とある国の森に囲まれたお城に、
一人の王女様が住んでいました。
お城には王女様と召使のほか誰もいません。
今日は王女様のお誕生日。お祝いの客を
招くため、晩さんの席を整えさせています。
次の2つの質問に答えてください。

Q1

王女様は晩さんの席にどんな客を招いたのでしょうか？

A

近隣の王族
王子や王女

B

お城の
近くに住む
貧しい人々

C

魔法使いや
妖精たち

D

森の動物たち

Q2

晩さんの席にはお皿が並べられています。そのお皿の数は何枚ですか？

TEST 26 診断

王女様はあなた自身。
このテストでは、あなたが友だちに求めるものがわかります。

お誕生日の晩さんに招いた客は、
あなたが**欲しい友だちのタイプ**を表しています。
そして、晩さんの席に並べられたお皿の数で、
あなたが**欲しい友だちの数**がわかります。

Q1 で答えた客は

A

Aを選んだ人は、自分と似た環境の人を友だちにしたいと思っています。家庭環境や経済状況、教育程度、価値観など、だいたい同じような人と付き合おうとするでしょう。

B

Bを選んだ人は、自分を頼ってくれるような友だちを求めています。いろいろと世話をやいたりすることで、自分で満足感を味わっているのかもしれません。

C

Cを選んだ人は、ちょっと変わった人たちと友だちになりたいと思っています。世の中の価値観にとらわれない自由な生き方をしていて、それでいて人の気持ちがわかる人と一緒にいると、自分が楽でいられます。

D

Dを選んだ人は、気をつかわなくてもいい友だちを求めています。ペットが相手なら安心してグチをこぼせるので、きっとあなたを癒してくれるでしょう。

Q2 で答えたお皿の枚数は

あなたが
欲しい友だちの数
です。

TEST 27

親しくなったきっかけは?

将来のことを考えて、あなたはある資格を取るためのセミナーに参加しました。そこで、隣の席になった女性と言葉を交わし、親しくなるきっかけをつかみました。あなたにとってはわりあい自然に振る舞えたそのきっかけとはどんなことだったでしょうか?

A

ハンカチを
忘れたらしいその人に、
自分のハンカチを
渡してあげた。

B

自分がキャンディなど
甘いものを食べるときに、
「おひとついかが」と渡した。

C

ペンを探しているその人に、
「書くものならありますよ」
と自分のペンを
貸してあげた。

D

「○○です、よろしく」と
言って名前を名乗り、
名刺カードを渡した。

TEST 27

診断

ハンカチは「潔癖さ」、キャンディは「親密さ」、
ペンは「知性」、名刺は「表向きの顔」を意味しています。
あなたが選んだ答えは、
それを介して他人とかかわろうとしているものです。

そこから、あなたの
人付き合いでのネガティブな性格
がわかります。

A 冗談がわからない人

あなたは人付き合いにおいて潔癖症のところがあるようです。自分の意見や主義主張を曲げず、たとえ話の上でも適当に人に合わせたり、妥協するということがなさそう。人間的には信頼のおける人ですが、ユーモアがなく、冗談もすぐ真に受けてしまいそう。相手の冗談がわからず、腹を立て、急に怒りだして、周りの人をしらけさせたことはありませんか？

B べったりしすぎる

あなたは一対一の親密な関係を求めています。それこそ、好きな人とはべったりとつながっていたい人。いつでも甘えあえる関係でいたいと思っているようです。チャーミングな人ですが、相手からすればちょっとべたべたしすぎ。あなたのつながり方には、メールに返事を送ったら、また返事が来て、それに返信するとまた返事が返ってくるような、きりのない感じがあります。

C ケチくさい人

あなたは知的な部分で人とかかわろうとする人。感情的にならない理性的な付き合いを求めています。人間関係でのトラブルは起こしにくいかもしれませんが、人を喜ばせるようなことをしたり、人のために何かをしてあげようという気持ちに欠ける面があります。自分の時間、お金、労力、気持ち、すべての面において、人に分け与えようとしないケチな面が目立ちます。

D 表向きの顔がある

あなたは人に対して、表向きの顔を見せている人。なるべく自分をよく見せ、誰にでもいい顔をしようとします。人付き合いはそつがなく、相手をいい気持ちにさせるために、本心は押し隠し、お世辞やほめ言葉を口にすることもできるでしょう。でも、ふとした瞬間に、ポロッと本音を漏らしてしまい、人に本心を見透かされてしまうこともありそう。

TEST 28

周りの人たち、どんな人？

あなたのふだんの人付き合いを思い浮かべ、思い当たるものをチェックしてください。

□ 1 みんなで集まることになっていても、直前になってドタキャンする人や時間に遅れてくる人が多い。

□ 2 この前までふつうに付き合っていたのに、理由もわからず急にぷいっと口をきいてくれなくなった人がいる。

□ 3 友人知人の間でよくお金の貸し借りをし、お金のことでもめていることがある。

□ 4 「あなたにだけは言われたくない」とか、「あの人にだけは言われたくない」というセリフが、日常会話の中によく出てくる。

□ 5 「私ってこういう人だから」と言って、人の話を聞かず、自分を変えようとしない人が多い。

□ 6 自分の言ったことが悪く取られ、「そんなつもりで言ったわけじゃないのに」と思うような誤解を受けたことがある。

□ 7 能力のある人や魅力的な人がいると、「私たちとは違うわよね～」と仲間内でささやき合っている。

□ 8 自分や自分の家族にいいことがあっても、自慢話と受け止められ、やっかみを言われたりすると嫌なので、黙っておく。

□ 9 「ここだけの話にしといてね」「誰にも話さないで」とくぎを刺しておいたのに、いつの間にかみんなが知っていたということがある。

□ 10 仲間内でしか通じない言葉や合図があり、新参者はとまどうことがある。

□ 11 グループで集まったとき、誰かが先に帰ると、たいていその人の噂話になる。

□ 12 みんなで集まろうというとき、「○○さんはいいんじゃない」と声をかけない人もいる。

□ 13 新しく人と知り合いになっても、その後の付き合いに発展していくことは少ない。

□ 14 落ち込んでいるときに、友だちに会って励まされても、気持ちが晴れることは少ない。

□ 15 友だちとの間で、いろんな情報を交換し合ったり、ものの貸し借りをすることがほとんどない。

採点の仕方

チェックがついたものを
1点と数えて合計点を
出してください。
あなたは何点でしたか？

点

TEST 28

診断

ストレスの大半は人間関係の問題からくると言われています。人間関係がうまくいっていれば、それだけストレスは少なく、精神的に安定し、より生産的な生活が送れます。

このチェックテストで、あなたの

対人関係ストレス度がわかります。

11点以上

対人関係ストレス度

高い

ストレス度はきわめて高そう。あなたの周りには、ストレス源になりそうな人がうようよいるかも。それだけではなく、あなた自身も周囲の人にストレスを与えている可能性があります。いがみ合いや、仲間外れなど、あなたの周りでは人間関係のトラブルが多すぎるかも。今の人間関係にうんざりしているなら、もっと精神的に成熟した人たちの仲間に入れてもらうしかありませんね。

7〜10点　対人関係ストレス度　やや高い

ストレス度は高めです。あなたの周りには、あなたにストレスを与える面倒な人がいるのでしょう。人の社会では、似た者同士が集まり合うものです。本当は苦手だと思いながらも仕方なく付き合っている友だちがいるとすれば、あなたもその人たちと同類だと言えます。自分自身の精神レベルを上げるしか、ストレス源になる人を遠ざける方法はないかもしれません。

4〜6点　対人関係ストレス度　やや低い

対人関係でのストレス度は低めです。人付き合いでのストレスが少なければ、やるべきことに専念でき、より生産的な毎日が送れます。あなたはそれほど人付き合いのトラブルに煩わされず、精神的に安定した日々を過ごせていることでしょう。ただ、人間関係は少しの誤解や感情的なすれ違いがもとで、悪化するものです。良好な関係を保てている人とも、ときどき連絡し合っておくとよいでしょう。

3点以下　対人関係ストレス度　低い

あなたの周りにはストレスになる人間はほとんどいないようです。このまま、周囲の人と良好な関係を続けていけば、より生産的な活動ができ、実りある成果が得られるでしょう。もともと人付き合いが少ない人も、このような結果になったかもしれませんが、その場合はむしろ、人付き合いがストレスになることを恐れずに、もっと積極的に人とかかわっていくことをおすすめします。

Column 3

人付き合いが苦手な人はどうする？

人付き合いが苦手と感じている人は、たいてい引っ込み思案な性格。内向的な人が多く、なかなか自分から積極的にかかわっていくことができないでしょう。でも、挨拶ぐらいはできますよね。人に会ったら、少し大きい声を出して「こんにちは」「おはようございます」「いいお天気ですね」「寒いですね」それだけでいいのです。あとは相手が声をかけてくれるのを待ちましょう。苦手意識のある相手に対しても、「挨拶する」はとても効果的な対人関係改善法。人は無視されるのがいちばん傷つくのです。苦手だからと避けているような態度は、相手との関係をますます気まずいものにしてしまいます。簡単な挨拶だけで、人付き合いは驚くほど変わります。試してみてください。

PART 5

あなたが本当に求めているものがわかる！

TEST 29

あなたはちゃんとできている？

❶から順に、「はい」「いいえ」で答え、矢印の質問番号に進んでいってください。
アルファベットがでたら、それがあなたのタイプです。

Start！

1

夫婦げんかの真っ最中でも、知り合いが訪ねてきたら、ぱっと気持ちを切り替えて何もなかったように迎えることができる。

はい ⇨ 2
いいえ ⇨ 3

2

ママ友との間で言いにくいことを伝えなければならないときは、メールで伝えるより、電話か直接会って話をする方がいい。

はい ⇨ 4
いいえ ⇨ 6

3

睡眠時間は短くて、４～５時間でも平気だ。だいたい、やることがいろいろあって、寝ていられない。

はい ⇨ 6
いいえ ⇨ 5

4

家事や仕事などは、一つのことを順番にやるというより、同時にいくつかのことをやっていることが多い。

はい ⇨ 10
いいえ ⇨ 9

5

集会やイベントなど大勢の人が集まるところに行くと疲れやすく、早く家に帰りたいと思う。

はい ⇨ 7
いいえ ⇨ 8

6

みんなと一緒に食事をすると、食べ終わるのはたいてい自分がいちばん遅い。

はい ⇨ **8**
いいえ ⇨ **9**

7

人の家に呼ばれたときなど、お土産を用意していってもなかなか渡すタイミングがわからず迷ってしまうことがある。

はい ⇨ **D**
いいえ ⇨ **13**

8

役所に提出しなければならない書類手続きなどはおっくうでなかなかできない。そういうことは誰かにやってもらいたい。

はい ⇨ **13**
いいえ ⇨ **11**

9

物事の段取りなどを人に説明するときは、なるべく短く簡潔に伝える。

はい ⇨ **12**
いいえ ⇨ **11**

10

すぐ近くの店に買い物に行くときでも、きちんと着替えて、髪形やメイクを直してから行く。

はい ⇨ **12**
いいえ ⇨ **A**

11

列の順番に同時に並びそうになったとき、相手に「どうぞ」と譲られたら、「いえ、どうぞ、どうぞ」と譲り返す。

はい ⇨ **C**
いいえ ⇨ **B**

12

高いものを安く買ったり、安物を高価なものに見せるのが得意で、本当の値段を言うと、よく驚かれる。

はい ⇨ **B**
いいえ ⇨ **A**

13

棚に置くものや本などは、大きさや順番をきちんとそろえて並べておかないと落ち着かない。

はい ⇨ **C**
いいえ ⇨ **D**

TEST

29

診断

このチャートテストでは、
あなたがやりたいことや、
やるべきことをちゃんとやれているかどうか、
あなたの**目標達成能力**がわかります。

A

あなたは 考える前に行動する人

目標設定ができていないうちから動き出してしまうので、やり始めたはいいが、「さあ、この先どうする?」ということになって、途中で投げ出してしまうことがあります。それにやりたいことは、いろいろあるので、一つのことを終わらせないうちに、別のことに手をつけてしまいそう。最初に目標を立て、一つのことをやり遂げてから、次のことに移るようにしましょう。

B あなたは 目標達成能力のある人

何をどうするかを最初にきちんと考え目標設定してから、テキパキと段取り通りに動いて、見栄えのする結果を出せます。ただし、「結果よければすべてよし」で、途中で手抜きをしたり、面倒なところは適当にごまかし、表面上うまくいっているように見せかけることがあります。プロセス（過程）を大事にし、丁寧に誠実に物事に取り組みましょう。

C あなたは 慎重に行動する人

目標達成するまでに時間がかかりすぎます。やるべきことはきちんと目標を設定して、丁寧にやっていきますが、細かいところまで間違いのないように気を付けるので、やることに時間がかかります。「木を見て森を見ない」ところがあり、全体を把握するのに手間取ることがあります。全体から逆算して、時間配分を決め、効率よく作業を行っていく必要もありそう。

D あなたは やり始めるまでに時間がかかる人

深く物事を考えるので、準備に手間取りタイムオーバーになりやすく、そのプロセスにおいても、自分の考えやイメージに沿うよう、納得のいくまで吟味するので、さらに時間がかかります。あなたの場合、制限時間内に終わらせることを目標とする必要があるでしょう。まずはスケジュール表を作り、それに合わせてやっていきましょう。

TEST 30

仕事を頼まれて

パート先で店長から仕事を頼まれました。
あなたがやる気になったのは
どちらの説明ですか?
次の2つの問いに答えてください。

Q1 店長は仕事の内容についてどう説明しましたか？

難しい仕事なのですが、あなたならできるだろうと思ってお願いしているのです。
⇨ a

簡単な仕事なのですが、あなたにやってもらえないかなと思ってお願いしているのです。
⇨ b

Q2 店長は仕事の仕方についてどう説明しましたか？

細かいところはいいから、できるだけ早くやってください。
⇨ a

急がなくていいから、できるだけきちんと丁寧にやってください。
⇨ b

Q1・Q2で選んだ答えをあてはめるとあなたのタイプがでます。

Q1	Q2	診断タイプ
a	a	A
a	b	B
b	a	C
b	b	D

TEST 30

診断

あなたがやる気になった仕事の仕方は、
あなたの仕事への取り組み方を表しています。
このテストから、あなたが職場やグループの中で、
自分らしさを発揮できるポジション
がわかります。

A リーダータイプ

やる気があり、テキパキ行動できるあなたは、チームのリーダーに向いています。自分がみんなの中心になって、みんなを引っ張っていくことができるでしょう。みんなを励まし、やる気にさせるのも上手。ただし、できる人ばかり持ち上げ、仕事の効率の悪い人や役に立ちそうにない人をダメな人とみなしがち。そういう人の能力を引き出すのもリーダーの仕事。

B サブリーダータイプ

粘り強く仕事に取り組めるあなたは、一歩引いたところから全体を見守れるタイプ。チームの中では、サブリーダー的な役割が向いています。冷静なものの見方をし、偏りのない意見を言うことによって、チームのブレーンとしても活躍できる人です。ただし、物事の問題点や人の欠点など、ネガティブな面に目がいきがち。人のいいところを見つけてほめましょう。

C ムードメーカータイプ

活動的で小回りのきくあなたは、まさにムードメーカータイプ。ムードメーカーとは和製英語で、場の雰囲気を明るくする人のこと。誰とでも気軽に話せて、その場を楽しく盛り上げることができるので、宴会やイベントのときには欠かせない人物です。ただし、人の話を聞かず、おしゃべりで調子がよく、ちょっと軽はずみなところがあるので自重しましょう。

D ヒーリングタイプ

何をするにも、わりあいスローテンポなあなた。グループ内の派閥や仲のいい人・悪い人を超えて、誰の味方にもなれる人です。なんとなく癒し系の雰囲気を醸し出し、場を和ませることのできるヒーリングタイプです。ただ、「イエス」「ノー」をはっきり言わず、どっちつかずの返事をして、他人に迷惑をかけることも。返事ははっきりとする方が親切です。

TEST 31

長年住んだ家のリフォーム

ずっと同じ家に住んでいるため、そろそろリフォームしなければならない箇所が出てきています。費用がかかるので丸ごとリフォームは無理のようです。あなたが多少費用はかかっても、ここだけはどうしてもやっておきたいと思うのはどこですか？

A

玄関周り・外装

B

屋根・天井

C

床・壁・柱

D

キッチンなど水回り

TEST 31

診断

リフォームしなければならない家は、年齢を重ねたあなた自身を表しています。
そして、リフォームしたいところは、
あなたが**アンチエイジングのために**
やっておきたいことを示しています。

A やっぱり顔！

お顔のしわ、しみ、たるみ、ほうれい線が気になりだしたようです。アンチエイジングを謳《うた》う化粧品のCMや広告がやたらと目につきませんか？　老け顔にならず、いつまでも年齢を感じさせない若々しい顔でいたいもの。年齢に関係なく、顔の魅力はさわやかな笑顔です。ペンやお箸を横にくわえて、鏡の前で笑顔を作る練習をしてみては？　安上がりで手軽にできるアンチエイジング法です。

B 時代の変化についていけない

新しいスマホや家電の操作の仕方がわからず、最近戸惑うことがありませんか？　あなたには、時代の変化についていけなくなるのではという不安がありそうですが、どんどん新しい情報や知識を吸収し、何でもチャレンジしてみるとよいでしょう。恥ずかしがらずに、若い人たちの間で流行っているものを取り入れていきましょう。好奇心を失うと老けてしまいますよ。

C ああ、体型が崩れつつある

あなたは以前はもっと体力があったのに……と感じているよう。ウエスト周りに脂肪がつきやすくなってきて体型の崩れも気になりますね。体型の変化は年齢を感じさせます。運動量は若いときより減っているのに、食べる量は減っていないのかもしれないので、ジムに通うなどして、しっかり運動しましょう。パワーヨガやピラティスなどがおすすめです。

D ダイエットしなければ……

あなたは無農薬や無添加のものを選び、栄養バランスを考えた食事作りをしていそう。アンチエイジングよりも、健康に気をつけた食事作りや生活に興味があるはず。もしかしたら、太ることを恐れて、カロリーを制限したダイエットをしていませんか？　でもダイエットのやりすぎは体によくありません。もっとみんなと一緒に食事をすることの楽しさを味わいましょう。

TEST 32

空を飛ぶ夢

空を飛ぶ夢を見ました。
なんだかとってもいい気分でした。
あなたはどんなふうにして
空を飛んでいたのでしょうか？

A

背中に翼が生えていた。

B

空飛ぶ絨毯に乗っていた。

C

風船にぶら下がっていた。

D

スーパーマンのように飛んでいた。

TEST 32

診断

夢の中で飛んでいる姿は
あなたの意識の状態と身体感覚を映し出しています。
意識と身体感覚が結びついてこそ、私たちは
自分の思い（夢）を実現することができます。

このテストから、
あなたの**夢の実現の仕方**がわかります。

A 日課を決めて規則正しい生活を

あなたはふだん、あまり身体感覚を感じていないようです。それより、自分の中に湧き上がる感情の方がよりビビッドに感じられるのではないでしょうか。そういうタイプの人は、自分の気分や感情に引きずられて、やるべきことをやれないことがあります。あなたが夢をかなえたいなら、気分や感情はどうあれ、やるべきことに集中すべきです。何かのレッスンなら、毎日時間を決めて、欠かさずにやるというようなことです。

B 瞑想をして集中力を高めよう

あなたは頭の回転が速そうです。身体感覚はあまりなくて、自分の体をスケルトンのように感じているのでは？　楽しいことをしようと思えばいくらでも動けてしまうので、お祭りやパーティでは朝まで遊べてしまったりするのかも。こういうタイプの人は、気が散りやすく、一つのことに集中できず飽きっぽい面があります。あなたが夢をかなえたいなら、瞑想などで集中力と忍耐力を養う必要があります。

C 誰かに背中を押してもらおう

あなたは身体的な快適さを求める人。何もしないでゴロンと横になっているのが快適と感じているようです。そういうタイプの人は、物事を先延ばしにする傾向があります。たとえ今日のうちにできることも、明日でいいなら明日にしようというタイプ。夢はあっても、夢のままで終わってしまいそう。自分がやりたいことを誰かに話し、背中を押してもらうのがいいでしょう。

D 自分の本当の気持ちと触れ合って

あなたは気力で自分を働かせられる人。身体感覚から感情を切り離し、多少、疲れていても気力だけでやりきってしまいます。でも、自分の本当の気持ちがわからなくなってしまい、ふと我に返ったときに、「本当にこれが自分のやりたかったことだろうか」と疑問を持つことがあるかもしれません。少し休む時間をとって、自分の胸に手を当て、本当の気持ちを探ってみましょう。

TEST 33

これからあなたが向かう方角は？

気がついたら何もない
大地の真ん中に立っていました。
見渡す限り地平線が広がっています。
さて、これからあなたはどの方角に向かいますか？

B

西

A

東

D

南

C

北

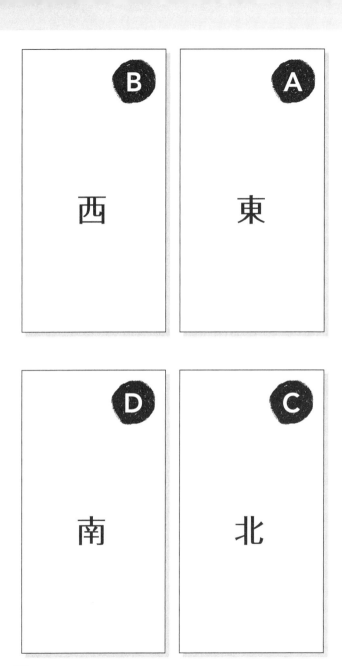

TEST 33

診断

私たちの心の中には方角に関して潜在的に埋め込まれたイメージがあります。

そのイメージから、あなたが**いま求めているもの**がわかります。

それはいまのあなたに必要なものだと言えるでしょう。

A 東は物事の始まりの場所

いまのあなたは刺激を求めて動き出すとき。まったく新しい体験をすることで、世界がぐんと広がります。これまでやってみたかったけれど、思い切ってやってみる勇気が出なかったこと、参加してみたい活動やイベントなどに積極的に参加しましょう。思いもよらなかった出会いが待っているはず。見聞を広げるために、海外旅行をするのもよいでしょう。

B 西は楽しむ場所

いまのあなたにはリラックスして楽しめることが必要。気のおけない友だちや仲間との飲食を楽しみ、カラオケに興じるのもよいでしょう。地域のお祭りやイベントなどに協力するのもいいでしょう。平凡な楽しみながら、そういった活動はあまり大きな出費にもならず、ちょうどいいところです。フリーマーケットへの出店などもおすすめです。

C 北は精神修行の場所

いまは精神的な修行のときと受け止めましょう。周りの人が楽しんでいても、あなたは地味に暮らしましょう。積極的に行動するときではありません。ずっと抱えている問題に向き合い、心の中を見つめながら、その問題を整理していくのもいいでしょう。資格を取るための試験勉強などに励むのもよいでしょう。忍耐のときが過ぎれば、やがて春がやってきます。

D 南は明るく前向きな場所

いまのあなたは文化・芸術に親しむときです。美しいもの、洗練されたものに触れましょう。お芝居やコンサート、映画、美術館、博物館など、訪れる場所はたくさんあります。おけいこ事を続けている人は、発表会や展覧会などに参加し、思い切って日ごろの成果を発表しましょう。自分の魅力を磨くことにも積極的になってみてはどうですか。

TEST
34

孤独な旅人が見たものは？

長く旅を続けてきた孤独な旅人が、泊めてもらえる宿もなく疲れ切った足取りで、田舎道を歩いているとき、ふと目にしたものがありました。旅人の心は癒され、これからもまだまだ旅を続けていけるという気持ちになりました。

さて、旅人が見たものとは？

A

かなたに
かかる虹

B

一輪の
野に咲く花

C

空に舞う蝶

D

空に
浮かぶ雲

TEST 34

診断

虹は希望、野に咲く花は純真さ、蝶は自由、雲は平和の象徴です。
あなたが選んだ答えは、あなたが見つけたいものを表しています。
そこからあなたの**心のよりどころ**がわかります。

A 希望を持つことこそ心のよりどころ

あなたが見つけたいのは希望です。どんなに辛く苦しいことがあっても、希望さえ失わなければ、耐え忍ぶことができます。目の前の困難を乗り越えていくことができるでしょう。希望とは根拠のないポジティブシンキングではなく、あなた自身が未来を切り開いていくための心のよりどころなのです。そして、その希望はすでにあなたの心の中に宿っています。

B 純真さが見出す愛こそ心のよりどころ

あなたが見つけたいのは愛です。幼い子どもに無条件に注がれるような愛です。あなたの中には、無邪気で純粋な子どものような部分があり、その純粋さが愛を欲しているのです。実は、その愛はあなた自身の中に備わっているものです。あなたの無邪気さ、純真さが、周りの人の愛を開かせます。抜け目のない人になる必要はありません。素朴なかかわりを続けましょう。

C 心の自由を手にすることが心のよりどころ

あなたが見つけたいのは自由です。それはやりたいことをやるとか、欲しいものを手に入れるといった自由ではなく、何ものにも煩わされない心の自由です。金銭欲や物欲、生活の不安などから解放された心の自由を得ることが幸せにつながると感じているのでしょう。そう願う心のうちに、あなたが求める自由はすでに存在しています。あなたは目に見えないものの価値を理解できる人です。

D 心の平和を手にすることが心のよりどころ

あなたが見つけたいのは心の平和です。心の中がかき乱されることなく安定していて、落ち着きのある状態でいられることを望んでいます。何事もなく平穏無事な生活のありがたさを知る人です。あなたは平和を望むだけではなく、平和を作り出す人にもなれます。あなた自身が周りの人の争いやいさかいをなだめ、誰でもが受け入れられるような温かい雰囲気を生み出す人になれます。

TEST 35

旅先で出会った不思議な木

旅先で一本の木に出会いました。
その木の前に立ったとき、
あなたは不思議なエネルギーに満たされ、
気持ちが豊かになるのを感じました。
その木はこの写真の中のどの木ですか？

A 幹が太く高く伸びた木

B 枝葉が大きく伸びた木

C

風にしなやかになびく木

D

たくさんの実をつけた木

E

太い幹を残して立ち枯れた木

TEST 35

診断

旅先で出会った木は、あなたが自己実現した姿を表しています。

このテストから、あなたの**潜在的能力**がわかります。

A 社会に出て意義のある活動をする

あなたは社会を正しい方向に導いていきたいという気持ちの強いタイプ。そのために自分にできることがあれば、積極的に取り組んでいきたいと思っているようです。地球環境や食品添加物の問題から、教育問題、男女平等、地域社会の問題など、一市民として取り組むべき課題はたくさんありそう。一人ではできないことも、意義のある活動をしている人々やグループにアクセスすることで、実現の可能性が出てきます。

B インターネットを駆使して自分の世界を広げる

あなたは静かな環境を求めています。人から離れて、自分の仕事や趣味に専念できるような時間とスペースが欲しいようです。家庭では家族のいない時間を使って、これまで学んできたことや身に着けてきた専門知識・技術を磨いていくとよいでしょう。日常生活での小さな発見や生活の知恵をブログやSNSで紹介していくのもいいかもしれません。あなたの世界がもっと広がっていくはずです。

C 自分の内面を見つめ続ける

あなたは自分の内面に関心が向いている人。「自分は誰なのか」「この人生にどんな意味があるのか」と、あなたの自分探しはまだまだ続いて、その内面はいつまでも若々しく、老いることはありません。いい音楽を聴き、たくさん本を読むと、心の糧となる作品に出会えるはず。また、他人からはただの趣味と思われても、詩や絵を描くこと、物作りなどの創作活動が、自分探しに役立つものとなります。

D 好きなことを仕事にできる

あなたは自分の行動に何らかの成果を期待する人。活動に見合う報酬を求めるプロ意識の強い人です。家の中にじっとしていては、エネルギーを持て余しそう。外に出て活動している方が元気でいられるでしょう。人に認められ、やりがいのある仕事をすることが、自己実現につながります。おけいこ事もただ習うだけではなく、いずれ自分が先生になるとか、それを仕事にすることが生きがいとなるのです。

E 平和と平安をもたらす

あなたは平和を愛する人です。たとえ、悩みや苦しみがあっても、心の内なる平安を得ることができます。歴史を超えた神話や伝説、ファンタジーの世界にあなたの求めるものがありそうです。そして、悩み事の相談相手やお年寄りの話し相手になる活動などもしてみては？　周りの人にも、心の平安をもたらす人になることが、あなたの使命なのかもしれません。

さあ、最後に深呼吸をしてみましょう。

あなたはちゃんと呼吸をしていますか？
自分自身の呼吸を感じられていますか？

ストレスがたまると呼吸が浅くなります。何かを我慢しているときや緊張しているときは、息を止めた状態になっているものです。深い呼吸をすることで、自律神経のバランスが整い、心はリラックスします。

鼻から大きく息を吸い込み、おなかの中まで空気を取り入れ、ふ～っと吐いてみましょう。吸った時にはおなかが膨らみ、吐くとおなかが薄くなります。それが腹式呼吸ですね。腹式呼吸はあなたを落ち着かせてくれます。

何かを決断しなければならないとき、勇気をもって行動しなければならないと

きは、腹式呼吸を繰り返しましょう。きっと、腹が据わって度胸がつくでしょう。

左右の肋骨のあたりに手を当て、鼻から息を吸って胸を大きく膨らませましょう。肺に空気を入れる胸式呼吸です。胸式呼吸はまさに「胸の扉を開く」感じ。吐くときは肋骨のあたりが狭まります。吸って吐くを繰り返すほど、気持ちがほぐれていくのが感じられるでしょう。自分にも他人にもやさしくなれます。

不安があるときは、胸の前で両手をクロスし、手のひらを鎖骨のところにあて、肩を大きく上下させるような呼吸をしてみましょう。吐くときは「胸をなでおろす」感じです。不安が収まり、安心感が得られるでしょう。

「生きる」ということは、まさに「息をすること」でもあるのです。

意識して呼吸をすることで、自分自身を感じてみてください。

さあ、上手に深呼吸ができましたか？

おわりに

さて、あなたはどんな「怖い人」だったでしょうか？

怖いと思っていた部分が、実は怖いものではなく、
むしろいいところだと思っていたところに、
怖い心理が潜んでいたことに気づかれたかもしれません。

また、逆に、自分の嫌なところ、ダメなところだと思っていた部分が、
長所や魅力に変えられる部分であることに気づかれたかもしれません。

心理テストの結果をどう受け止めるかは人それぞれ。
いずれにしても、やる前とやったあとでは、
自分に対する見方が少し変わっているはずです。

人はいろんな部分があっていいわけです。
全部ひっくるめて自分。

それがわかれば、自分以外の人のことも、
少し寛容に受け入れられるようになるでしょう。

筆者は「面白くてためになる」をモットーに、
これまでたくさんの心理テストを作成してきました。
本書の心理テストも、
長年にわたる独自の性格研究をベースに、作成しています。
誰でもが読んで楽しめる、
そして心のコリをほぐし、
気持ちがラクになれる内容を提供できるようにと心がけています。

本書の心理テストは、お友だちや家族とご一緒にやっていただいても大丈夫です。
周りの人とのコミュニケーションを深めるためのツールとしてもお使いください。

それでは、読者の皆様が、しなやかな心で日々を過ごせますように。

11月5日　中嶋真澄

〈著者紹介〉

中嶋真澄（なかじま・ますみ）

エニアグラムアソシエイツ主宰。パーソナリティ研究家、作家、詩人。関西学院大学文学部大学院修士課程（哲学専攻）修了。執筆活動のほか、TV・雑誌・ウェブなど幅広いメディアで心理テストを出題し、好評を博している。性格タイプに関する研究に取り組み、自己理解・対人関係改善などをテーマにしたワークショップも行なっている。
著書に、『９つの神秘』（主婦の友社）、『面白すぎて時間を忘れる心理テスト』（三笠書房）、『人には言えないホンネがわかる！おとなの心理テスト』（池田書店）など多数。

◎中嶋真澄ON LINE　http://hito.main.jp/
◎エニアグラムアソシエイツ　http://enneagramassociates.com/
◎ツイッター　https://twitter.com/majikanakajima

装幀：北尾　崇（HON DESIGN）
本文イラスト：小林弥生
本文デザイン・組版：朝日メディアインターナショナル株式会社

「本当の自分」が怖いほどわかる心理テスト

2015年11月19日　第１版第１刷発行

著　者　中嶋真澄
発行者　安藤　卓
発行所　株式会社PHP研究所
京都本部　〒601-8411　京都市南区西九条北ノ内町11
〔内容のお問い合わせは〕教育出版部 ☎075-681-8732
〔購入のお問い合わせは〕普及グループ ☎075-681-8818
印刷所　図書印刷株式会社

ISBN978-4-569-82571-7